■ ■ ▲ ★ ★ = 49

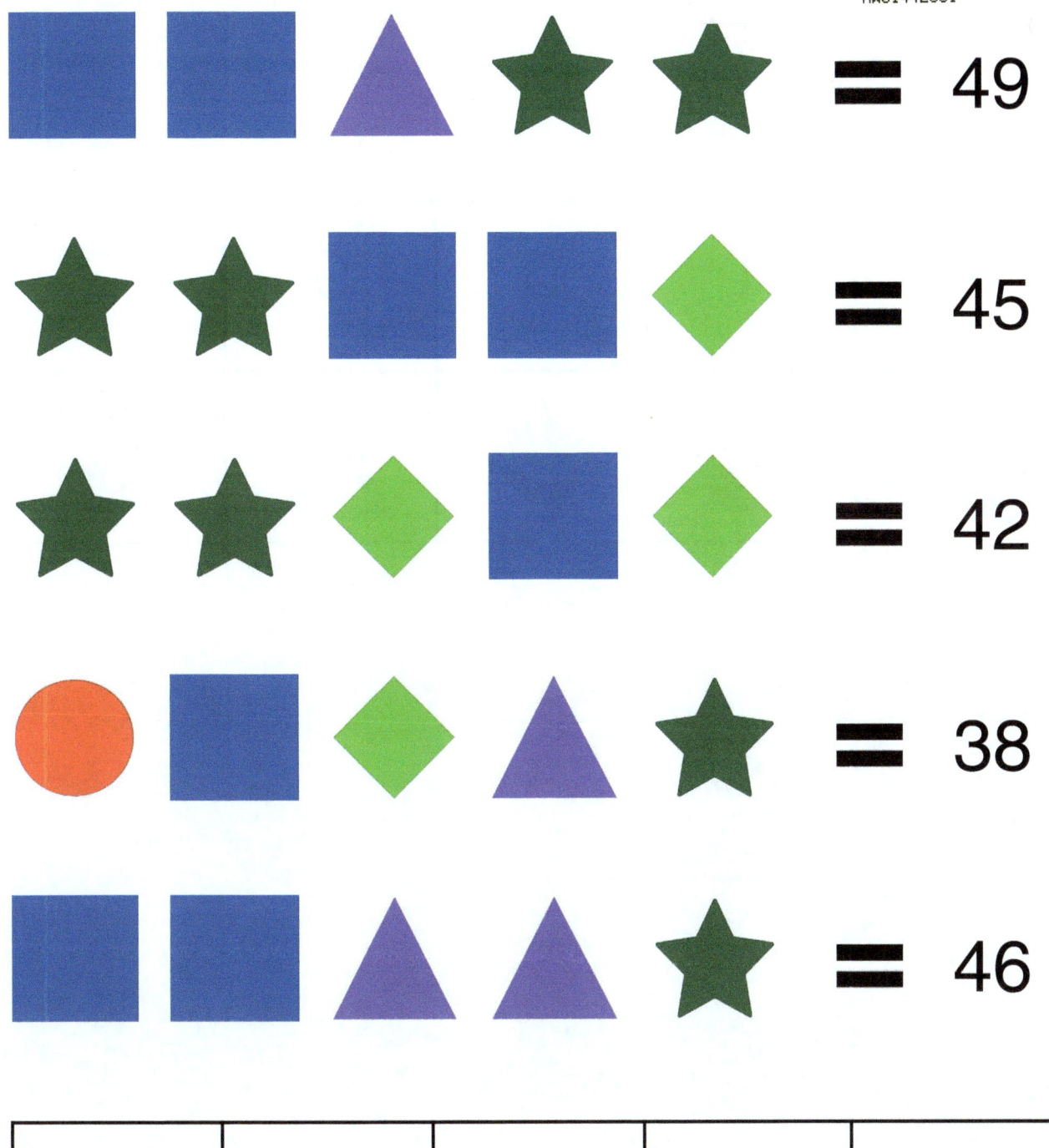

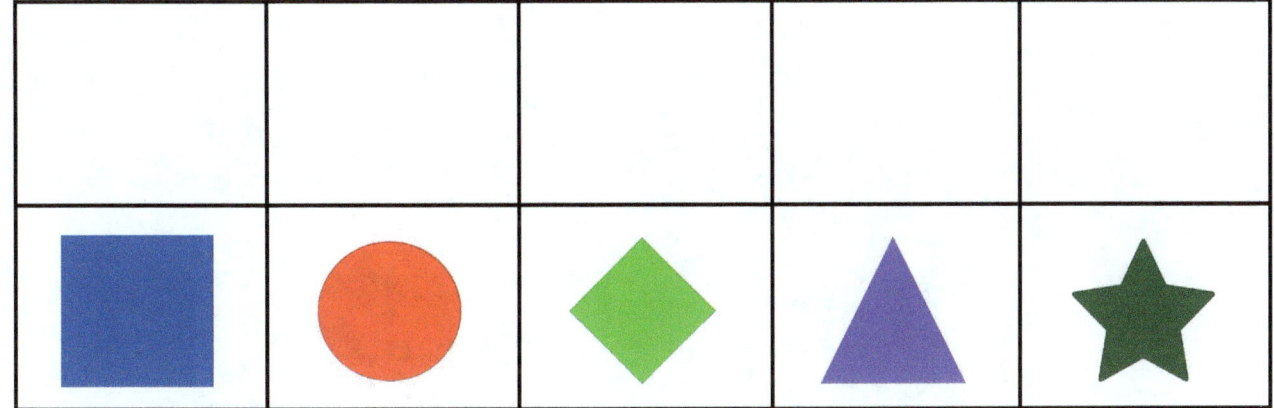

★ ★ ■ ■ ◆ = 45

★ ★ ◆ ■ ◆ = 42

● ■ ◆ ▲ ★ = 38

■ ■ ▲ ▲ ★ = 46

■	●	◆	▲	★

8	4	5	9	12
■	●	♦	▲	★

△ △ ● ● ★ = 33

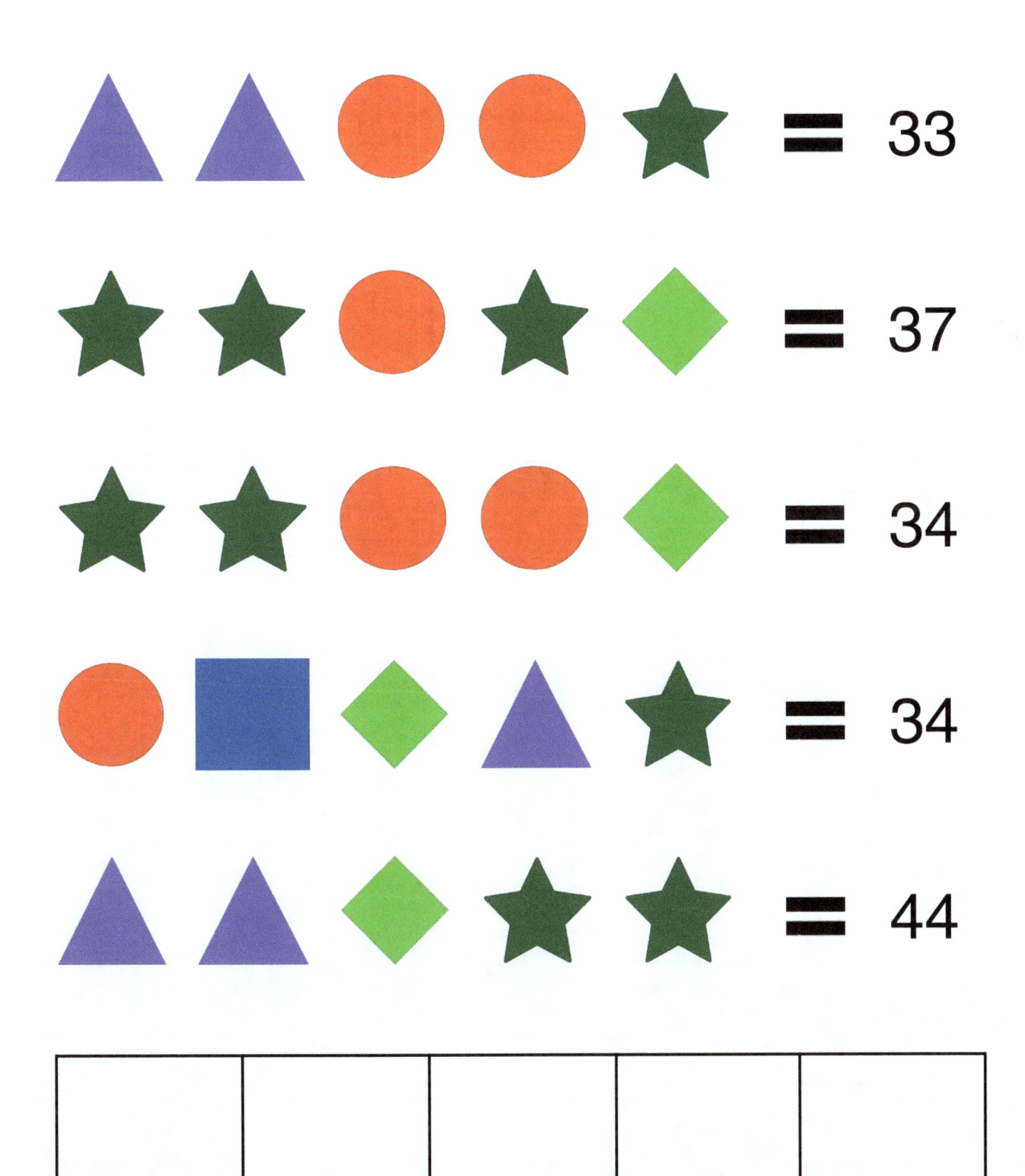

★ ★ ● ★ ◆ = 37

★ ★ ● ● ◆ = 34

● ■ ◆ △ ★ = 34

△ △ ◆ ★ ★ = 44

■	●	◆	△	★

2	4	12	9	7
■	●	◆	▲	★

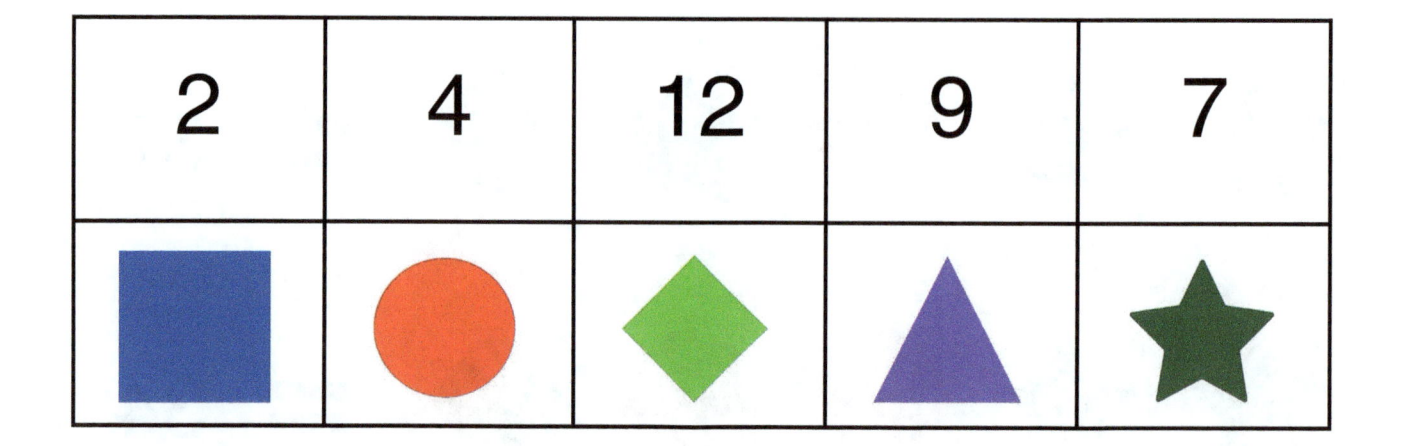

●● ▲▲ ★ = 17

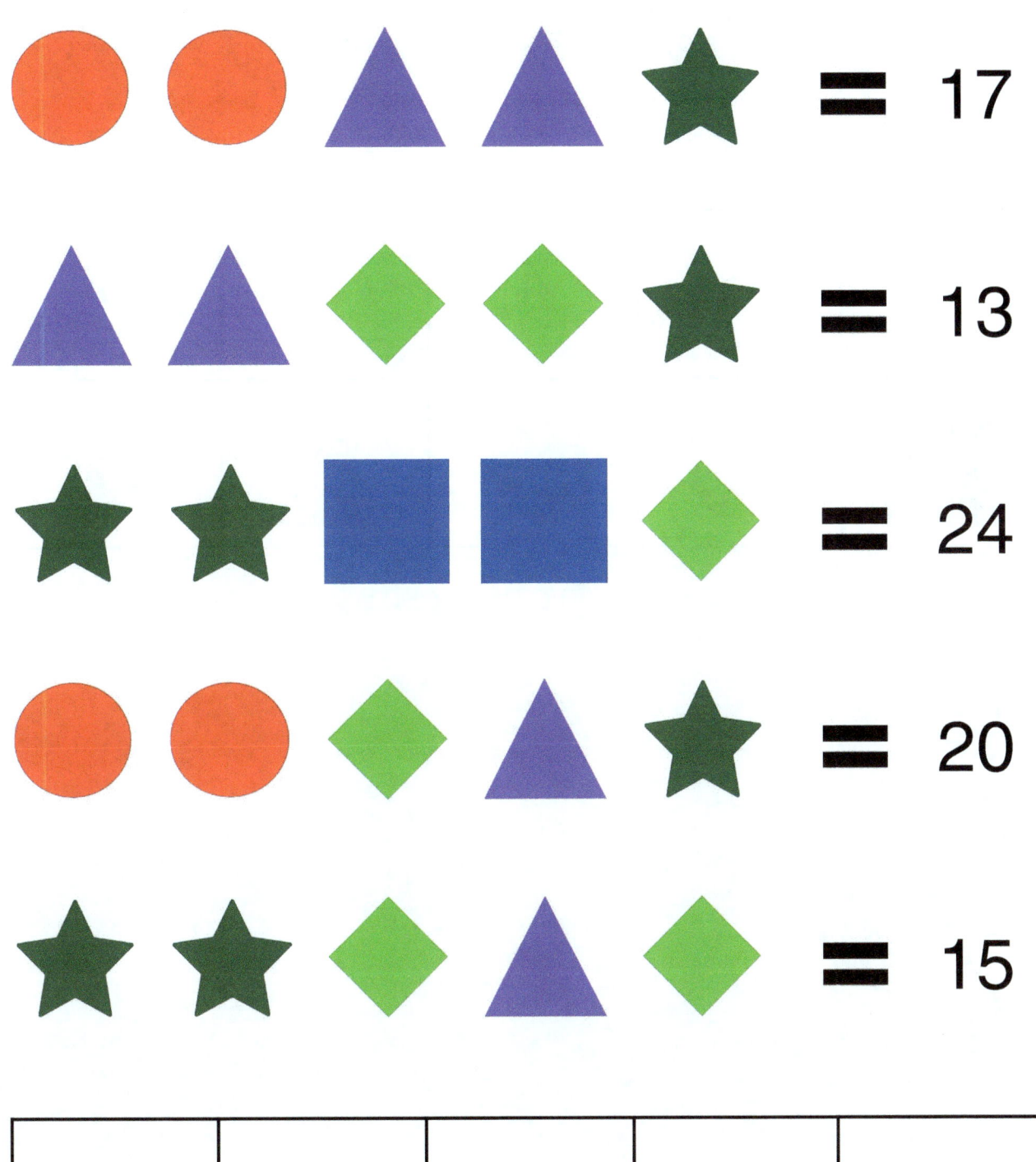

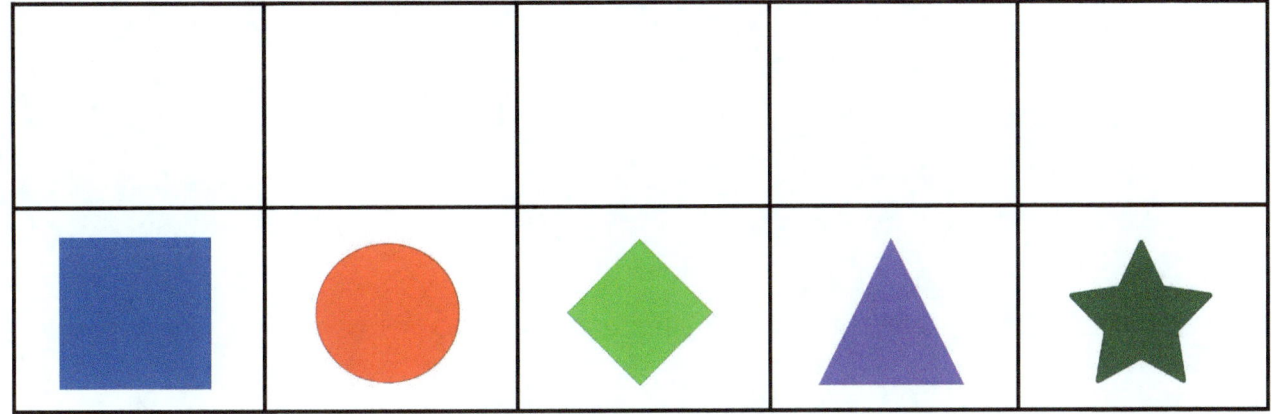

▲▲ ◆◆ ★ = 13

★★ ■■ ◆ = 24

●● ◆ ▲ ★ = 20

★★ ◆ ▲ ◆ = 15

7	6	4	1	3
■	●	◆	▲	★

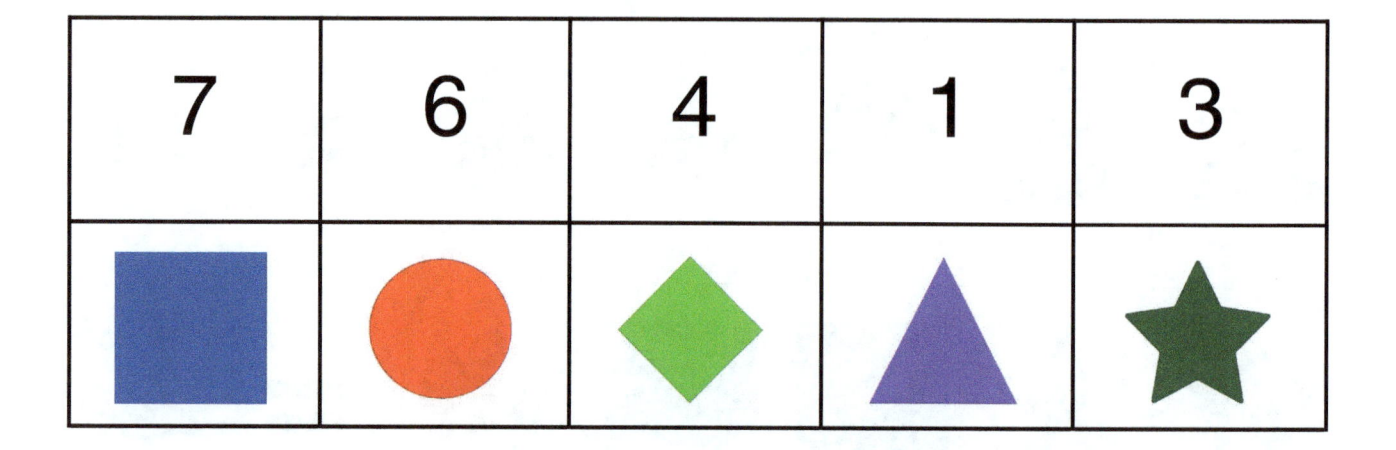

△ △ ◆ ◆ ★ = 18

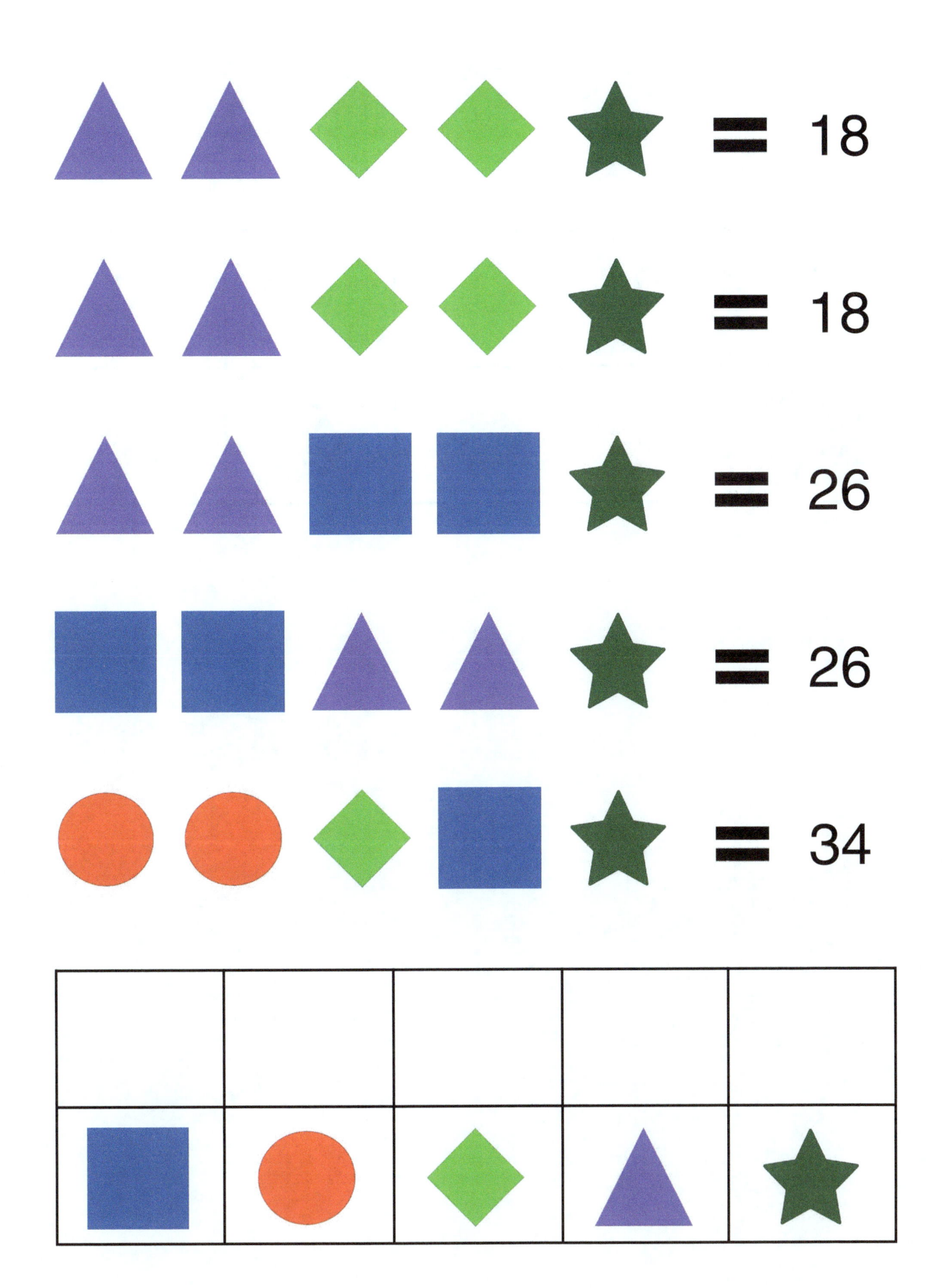

△ △ ◆ ◆ ★ = 18

△ △ ■ ■ ★ = 26

■ ■ △ △ ★ = 26

● ● ◆ ■ ★ = 34

5	9	1	3	10
■	●	◆	▲	★

= 24

= 25

= 25

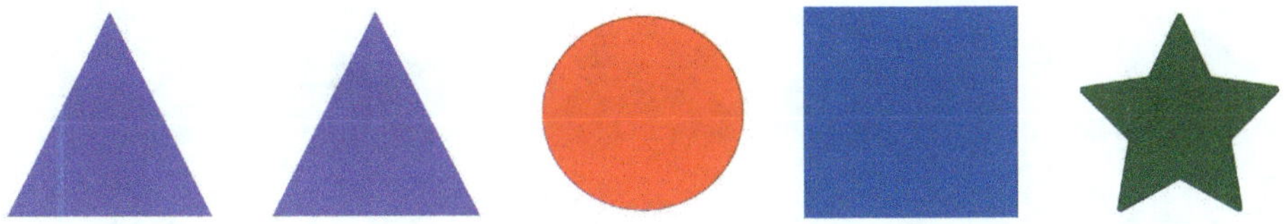

= 23

= 23

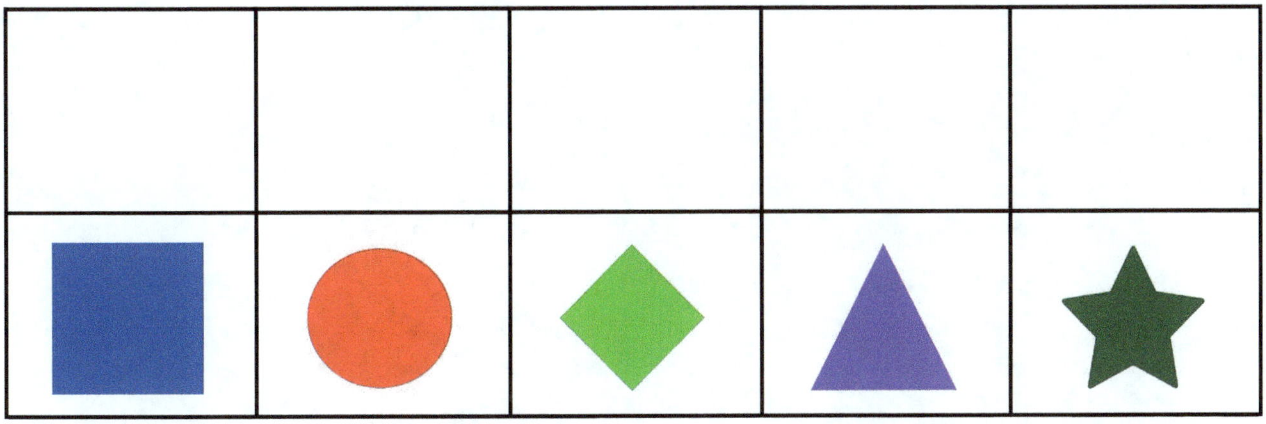

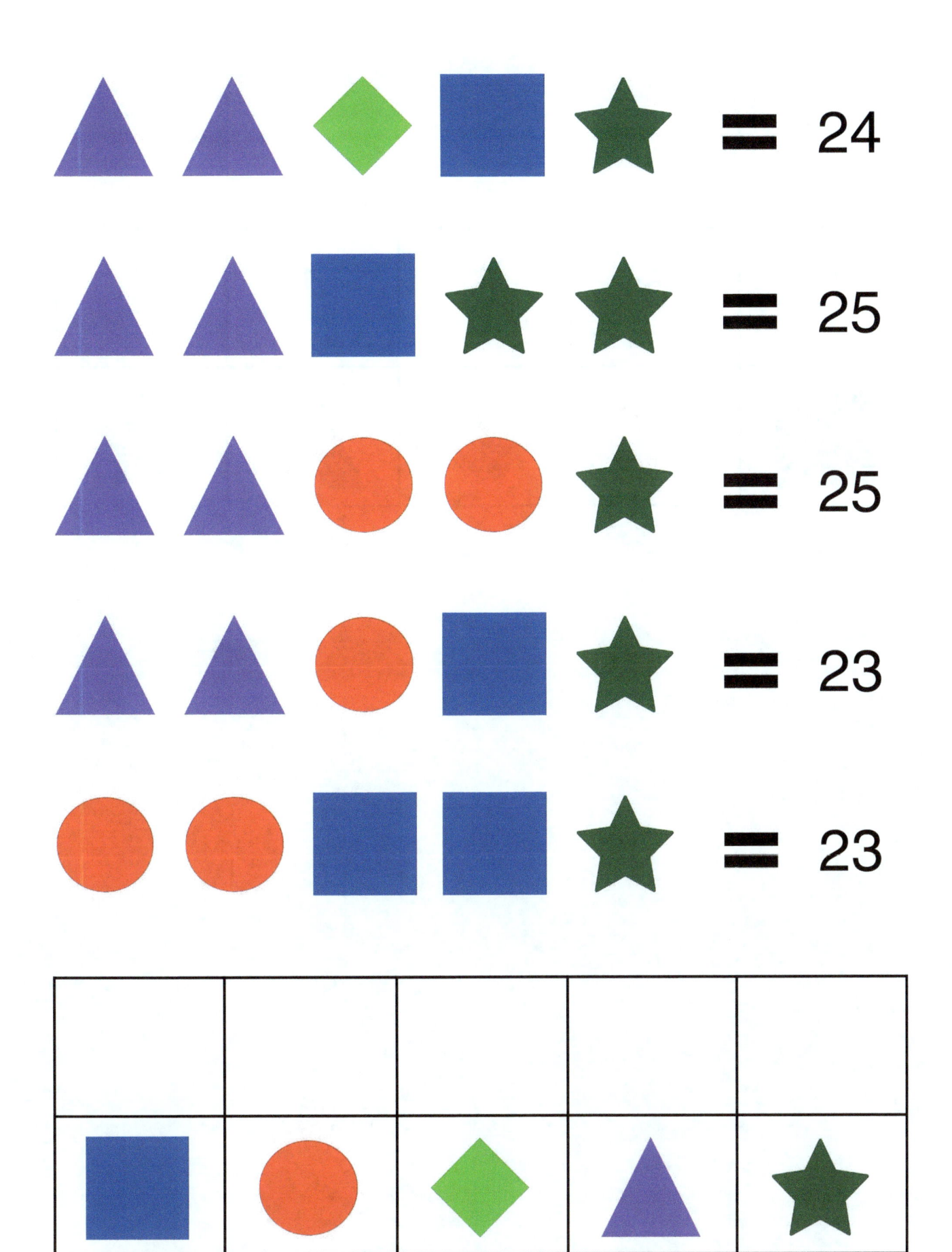

3	5	6	4	7
■	●	◆	▲	★

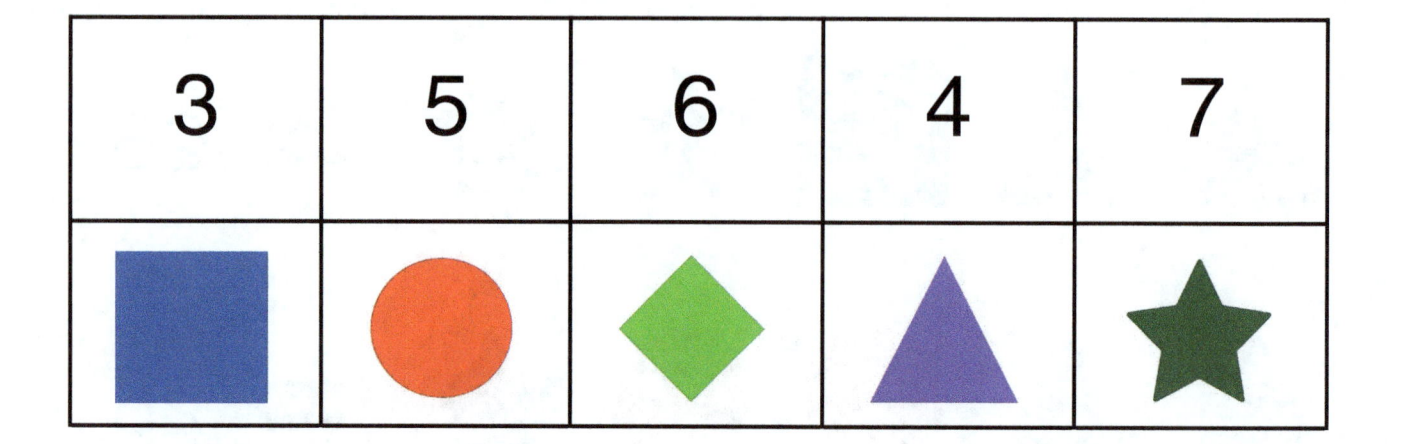

🟠🟠🔺⭐⭐ = 39

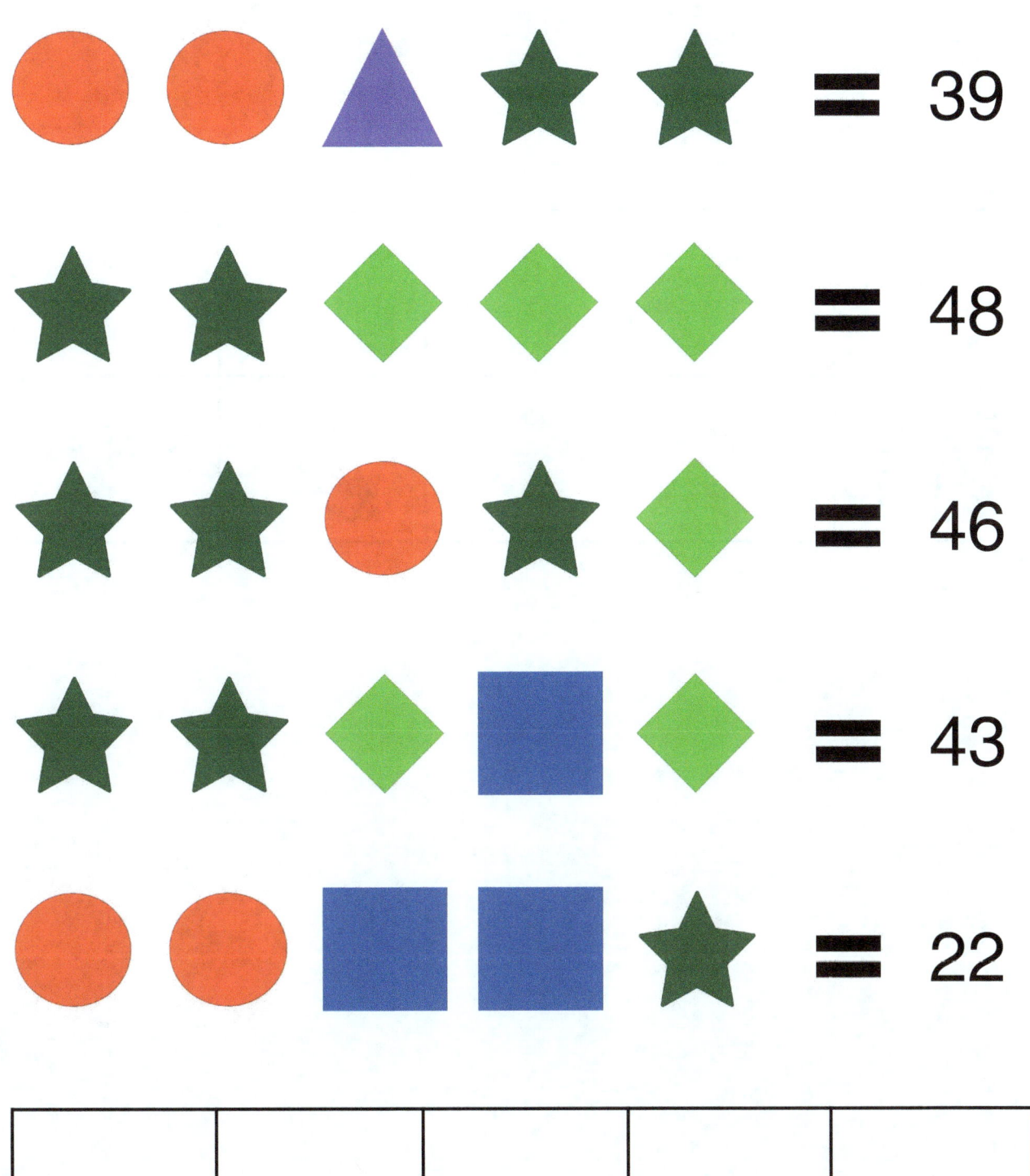

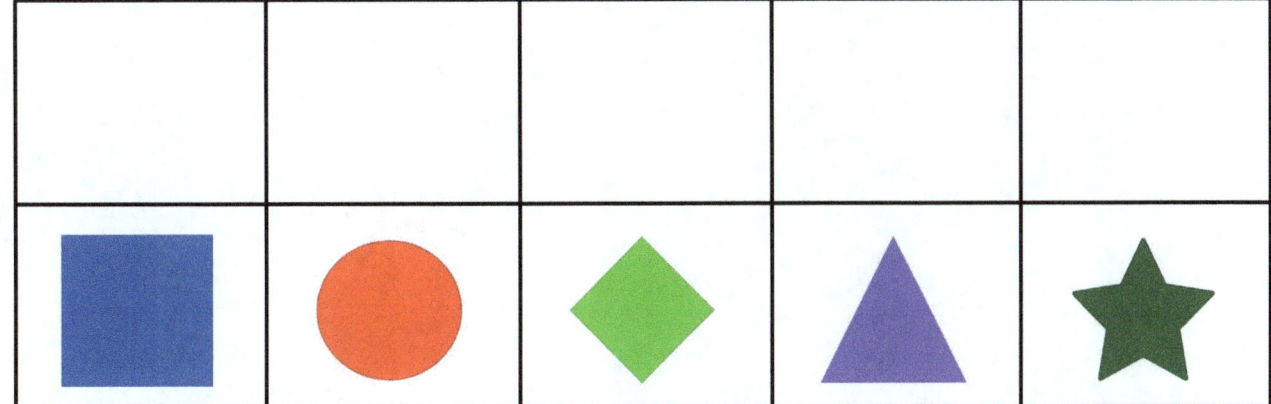

⭐⭐🔷🔷🔷 = 48

⭐⭐🟠⭐🔷 = 46

⭐⭐🔷🟦🔷 = 43

🟠🟠🟦🟦⭐ = 22

🟦	🟠	🔷	🔺	⭐

3	2	8	11	12
■	●	◆	▲	★

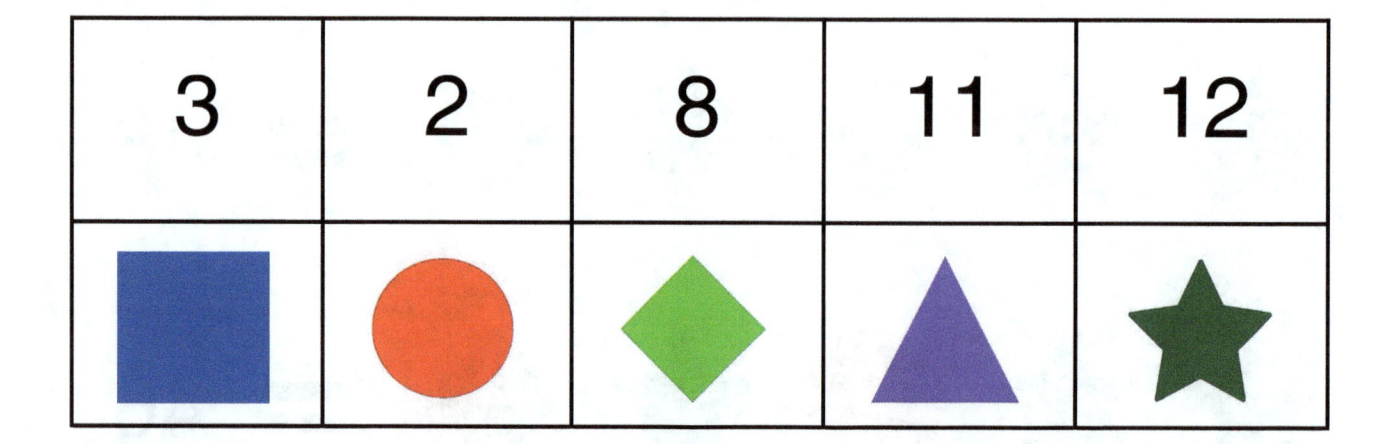

△ △ ◆ △ ★ = 32

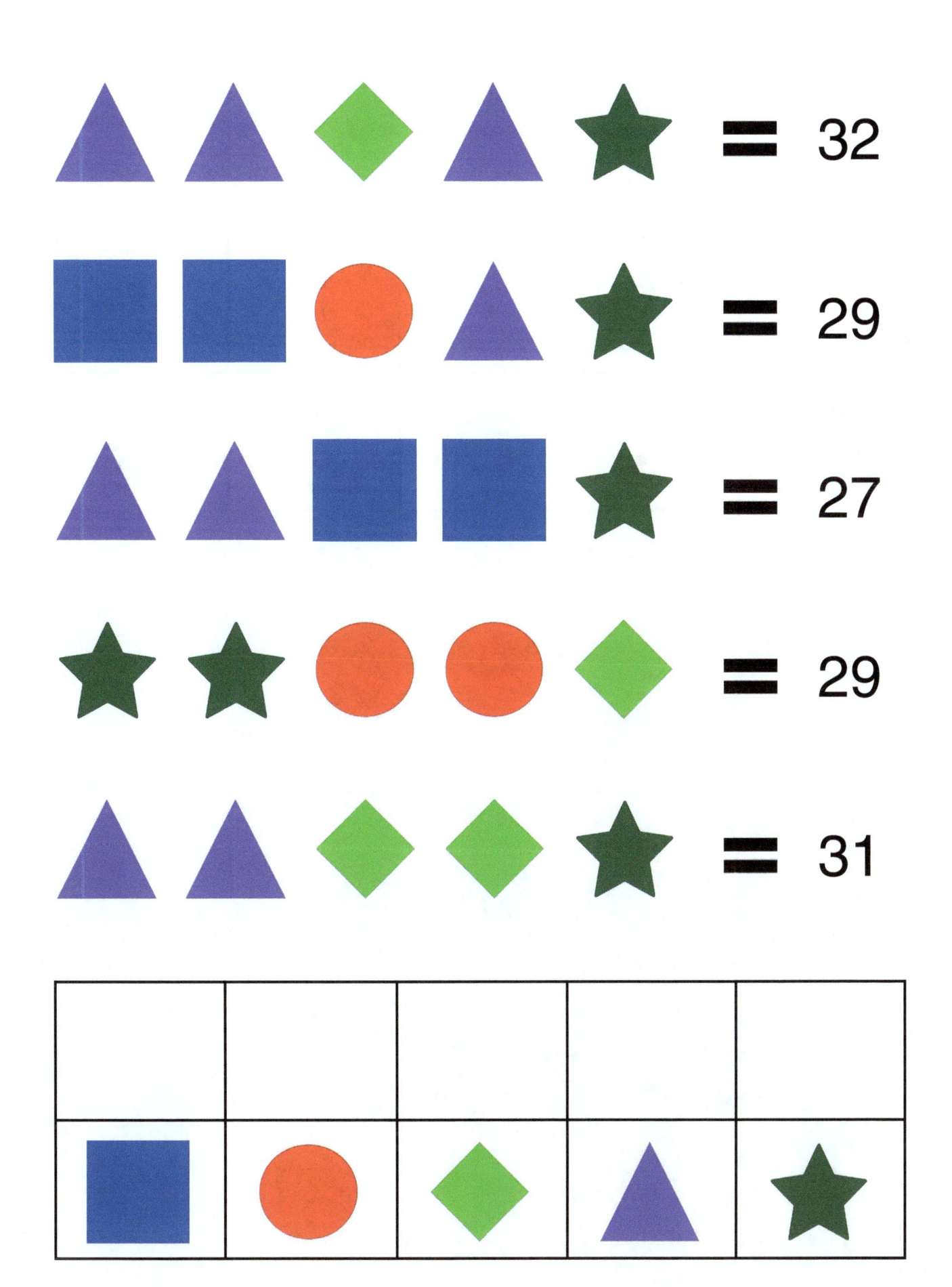

■ ■ ● △ ★ = 29

△ △ ■ ■ ★ = 27

★ ★ ● ● ◆ = 29

△ △ ◆ ◆ ★ = 31

■	●	◆	△	★

5	10	7	8	1
■	●	◆	▲	★

○ ○ △ △ ★ = 32

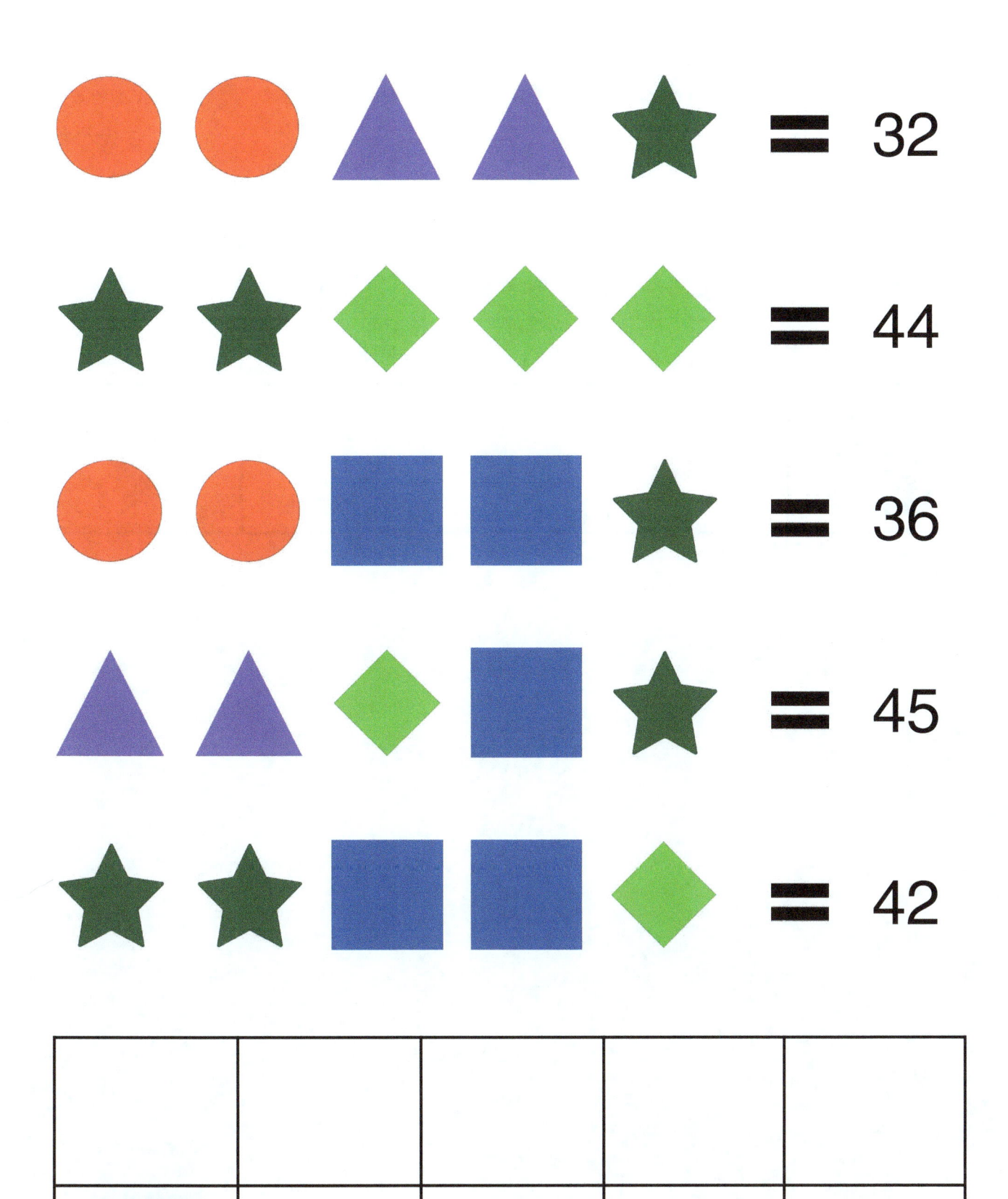

★ ★ ◆ ◆ ◆ = 44

○ ○ ■ ■ ★ = 36

△ △ ◆ ■ ★ = 45

★ ★ ■ ■ ◆ = 42

■	○	◆	△	★

11	5	12	9	4
■	●	◆	▲	★

● ● ▲ ★ ★ = 48

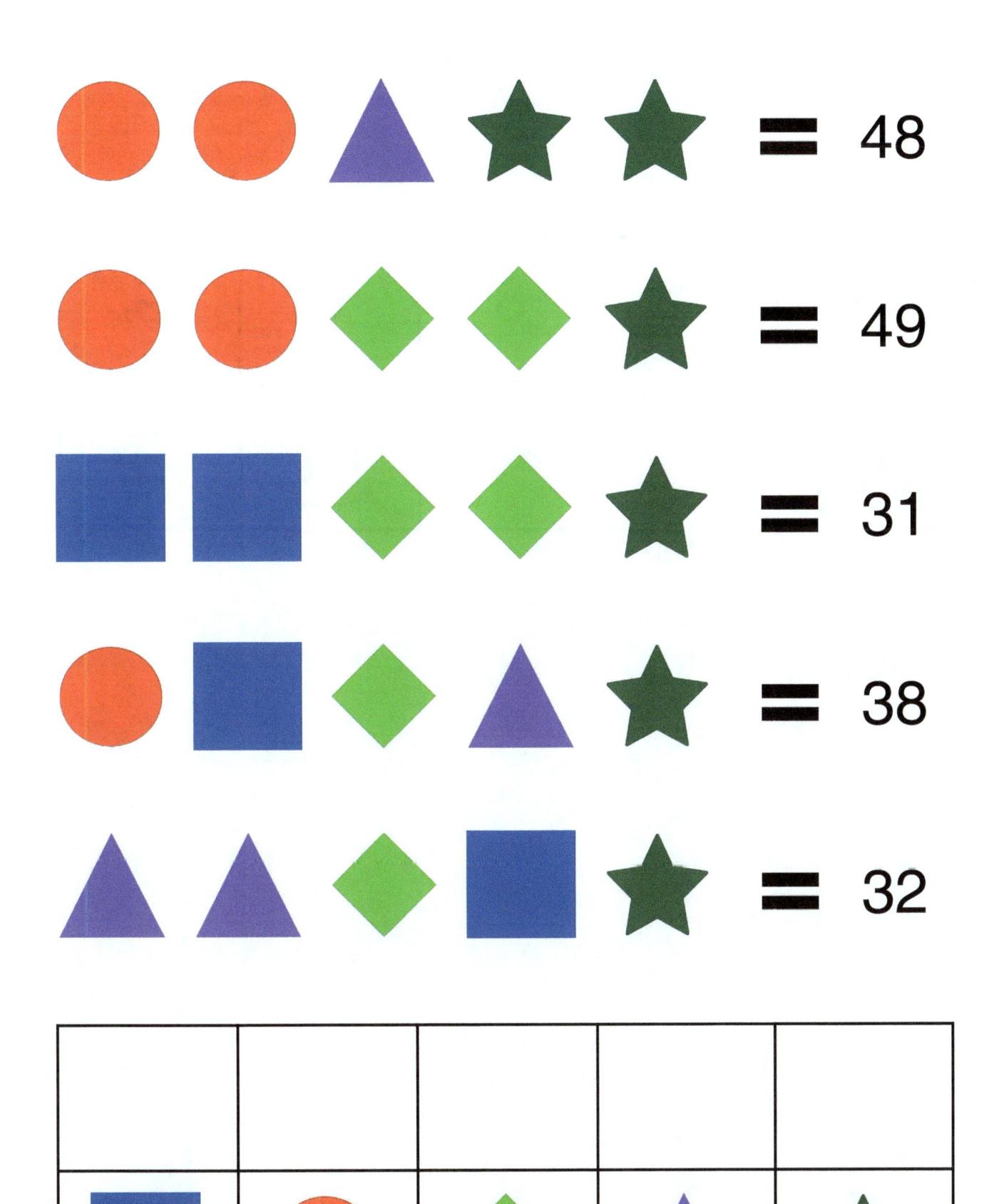

● ● ◆ ◆ ★ = 49

■ ■ ◆ ◆ ★ = 31

● ■ ◆ ▲ ★ = 38

▲ ▲ ◆ ■ ★ = 32

3	12	8	6	9
■	●	◆	▲	★

9	8	3	1	7
■	●	◆	▲	★

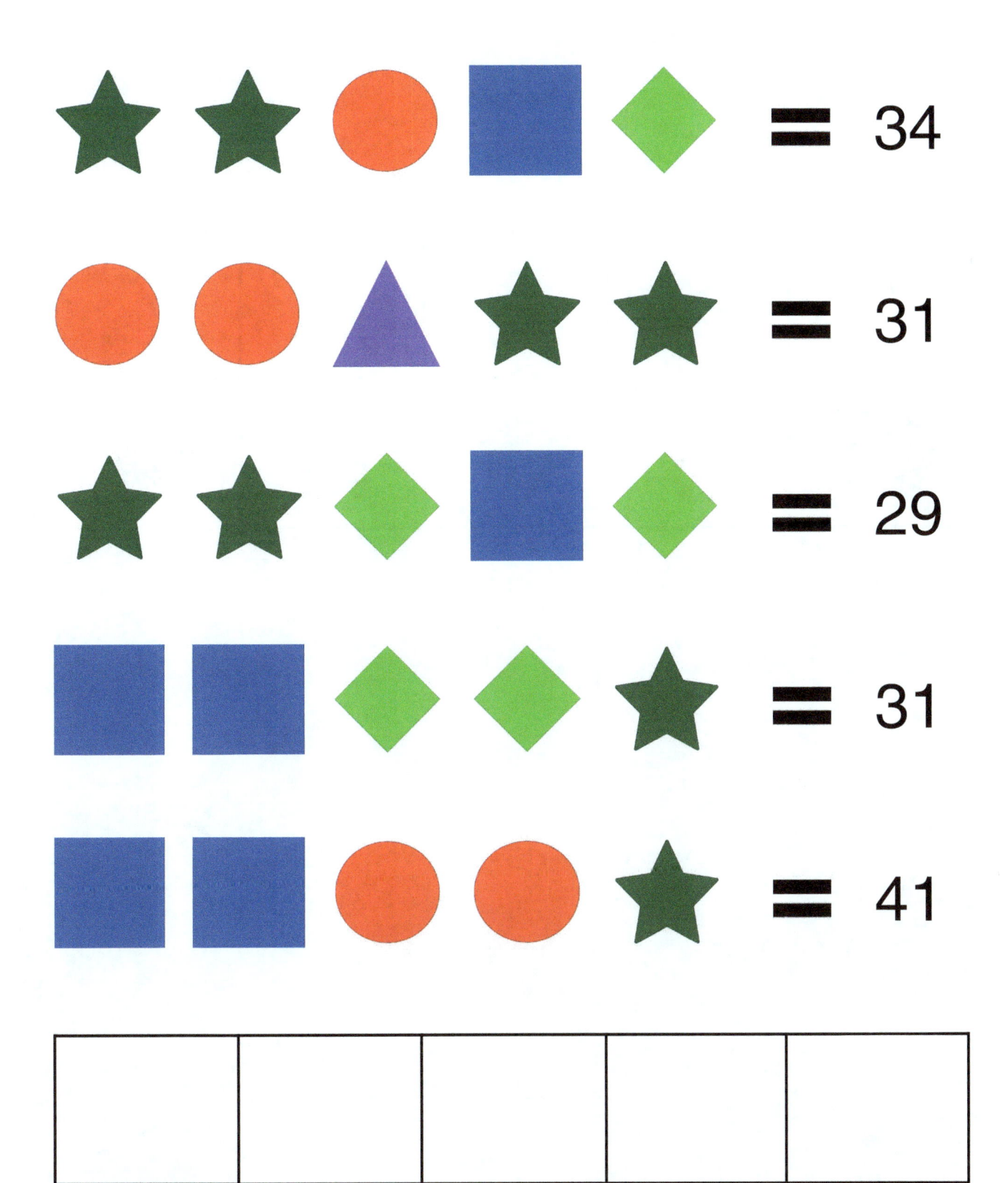

9	8	3	1	7
■	●	◆	▲	★

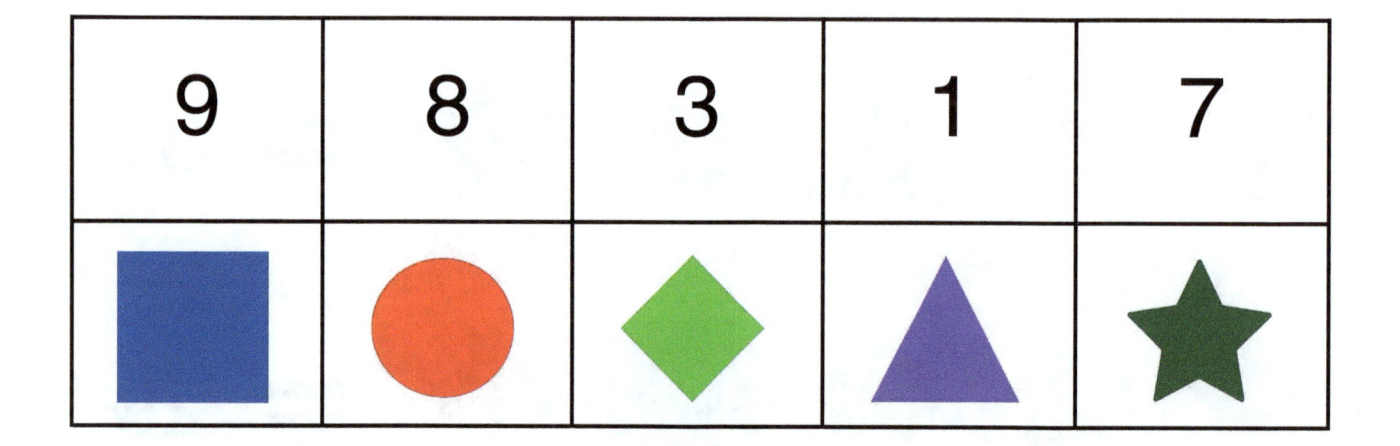

△ △ ■ ■ = 46

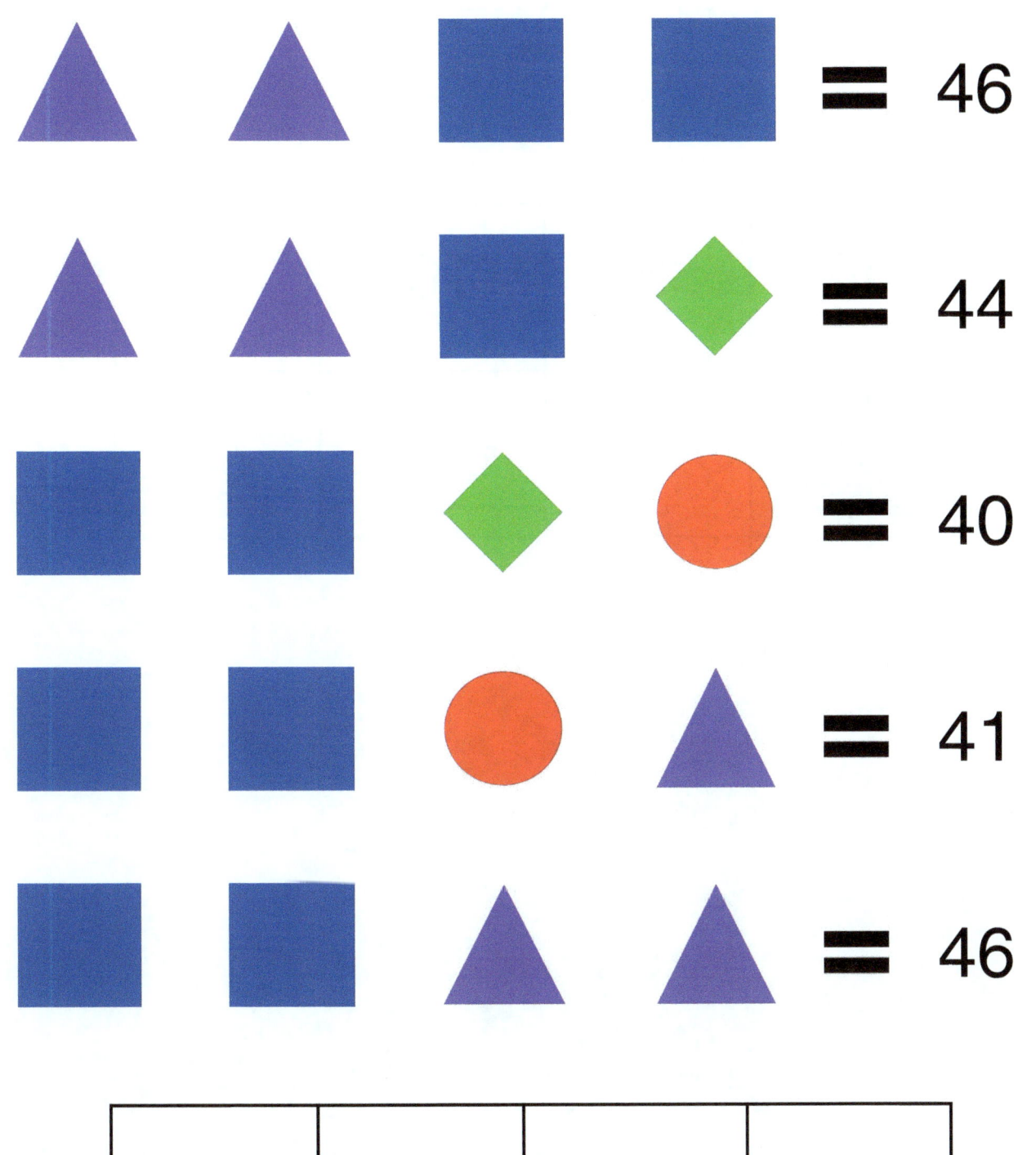

△ △ ■ ◆ = 44

■ ■ ◆ ● = 40

■ ■ ● △ = 41

■ ■ △ △ = 46

■	●	◆	△

12	6	10	11
■	●	◆	▲

■ ■ ◆ ▲ = 18
● ● ◆ ◆ = 24
■ ■ ▲ ▲ = 16
■ ■ ● ▲ = 24
◆ ◆ ■ ▲ = 14

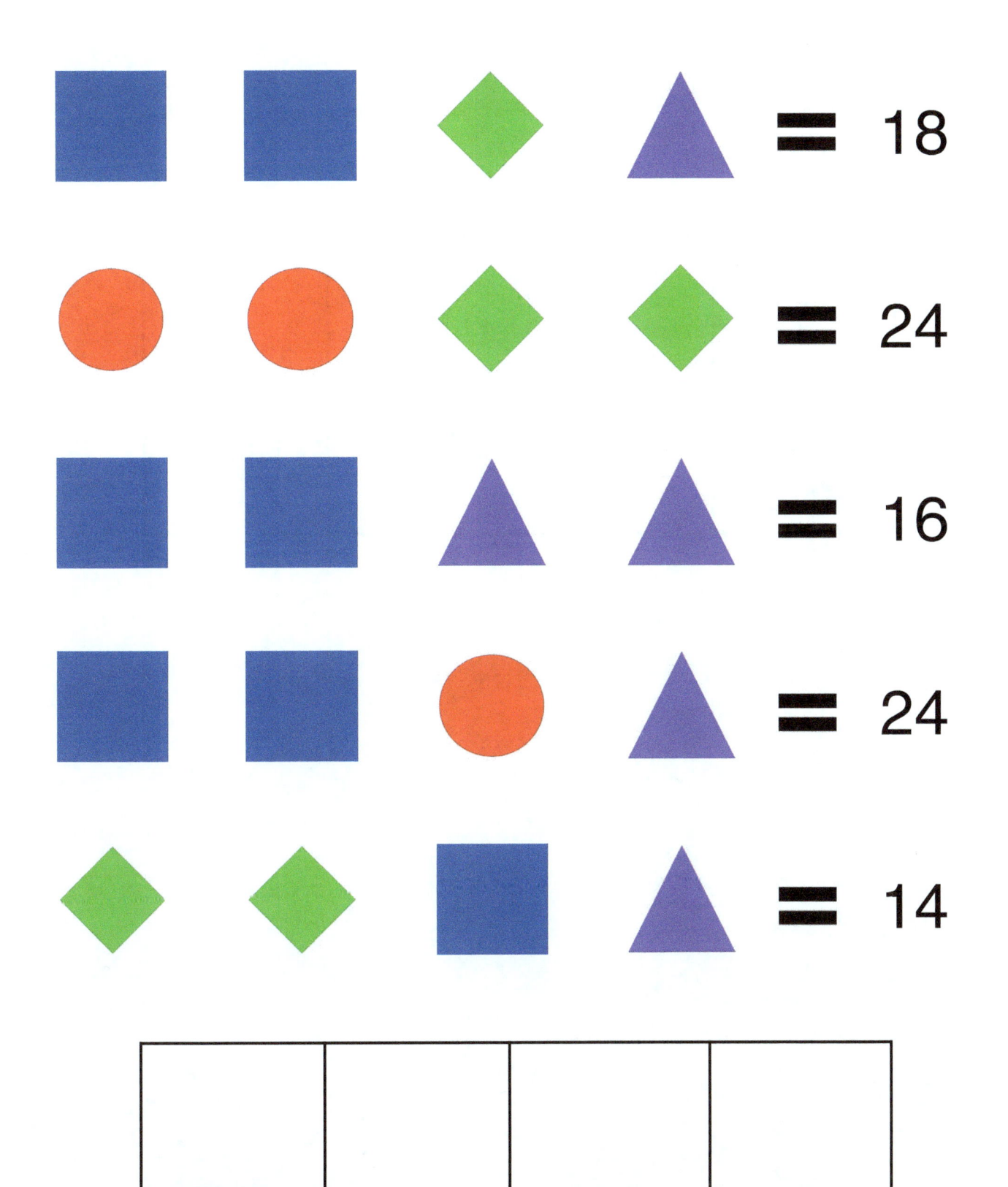

■	●	◆	▲

7	9	3	1
■	●	◆	▲

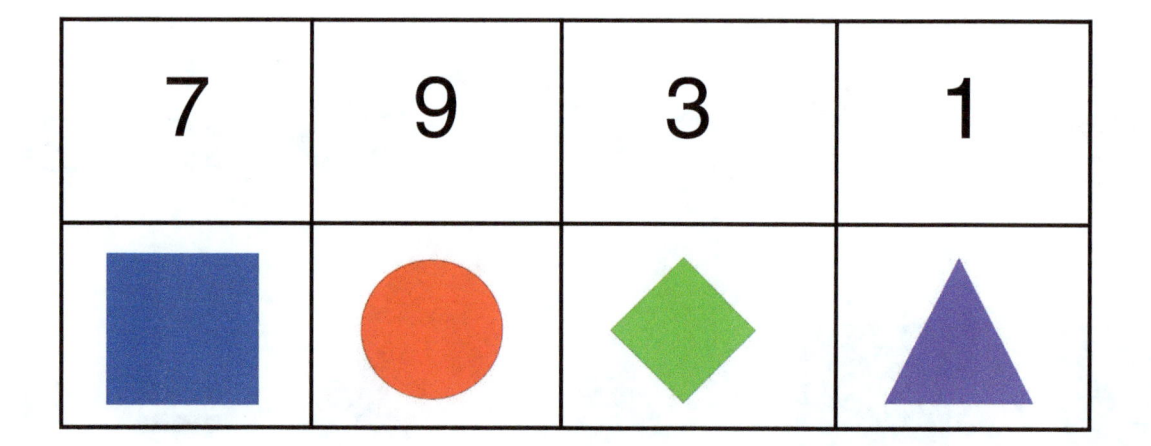

○ ○ ■ ▲ = 38

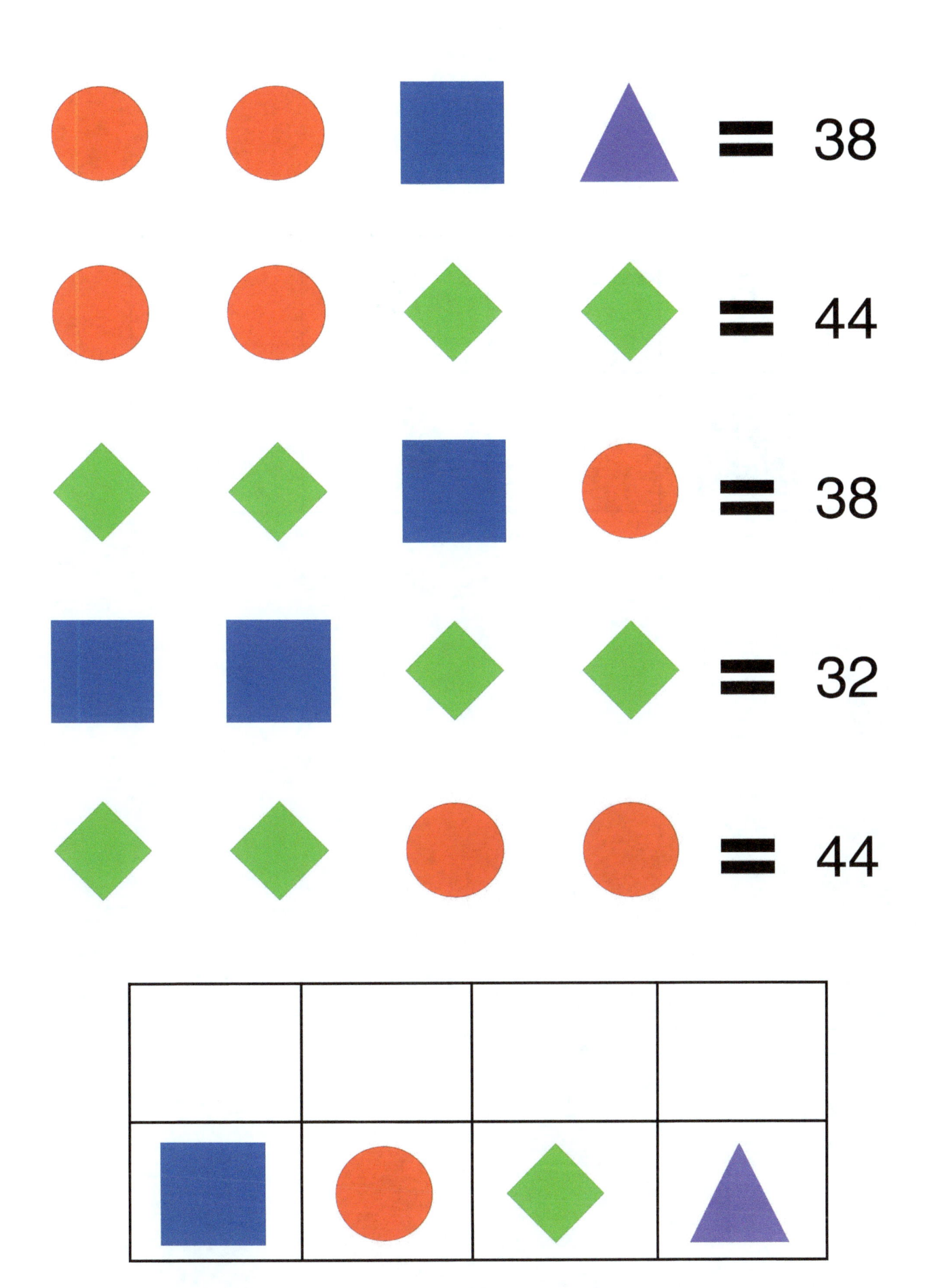

○ ○ ◆ ◆ = 44

◆ ◆ ■ ○ = 38

■ ■ ◆ ◆ = 32

◆ ◆ ○ ○ = 44

6	12	10	8
■	●	◆	▲

◆ ◆ ● ▲ = 18

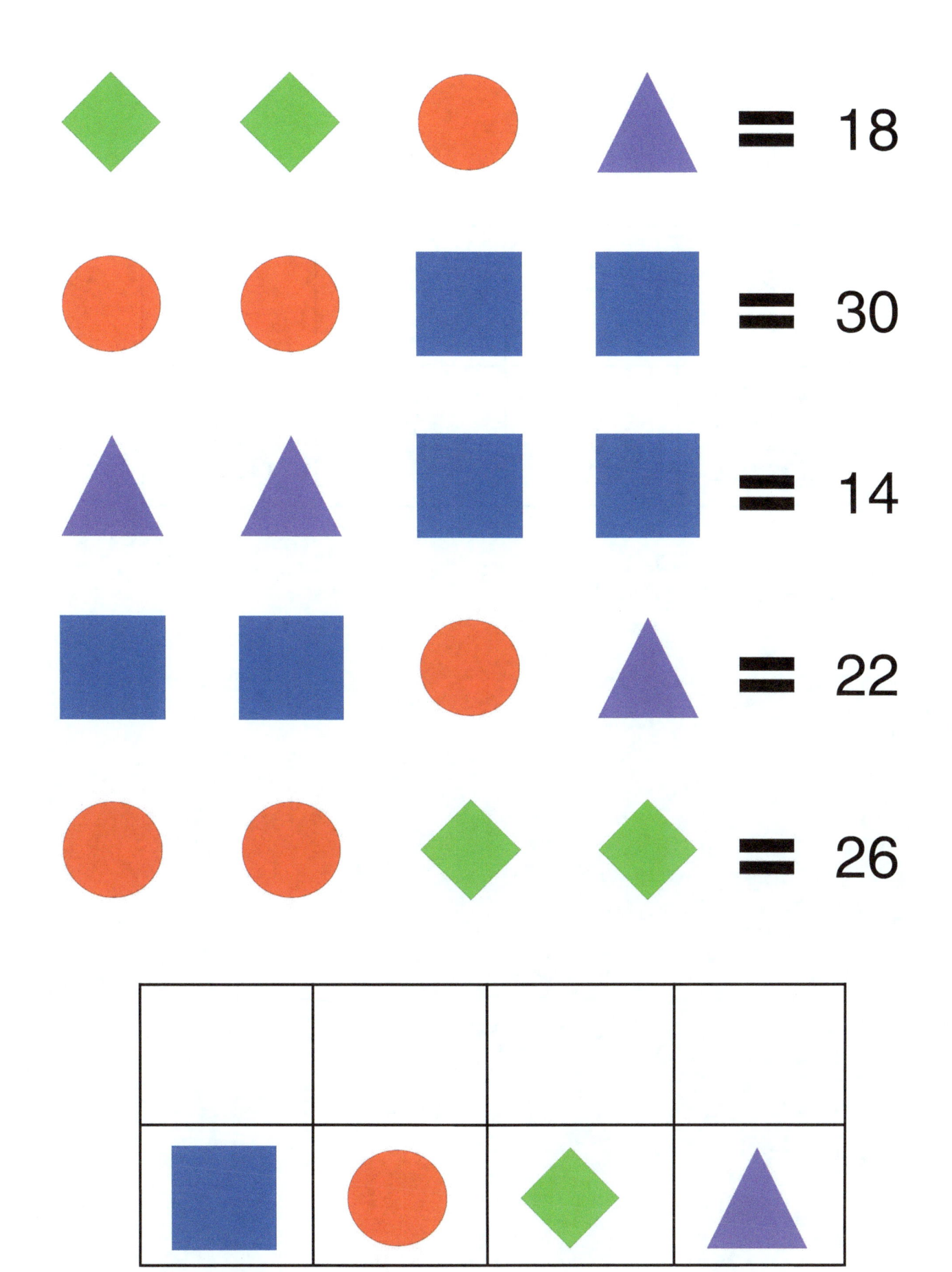

● ● ■ ■ = 30

▲ ▲ ■ ■ = 14

■ ■ ● ▲ = 22

● ● ◆ ◆ = 26

6	9	4	1
■	●	◆	▲

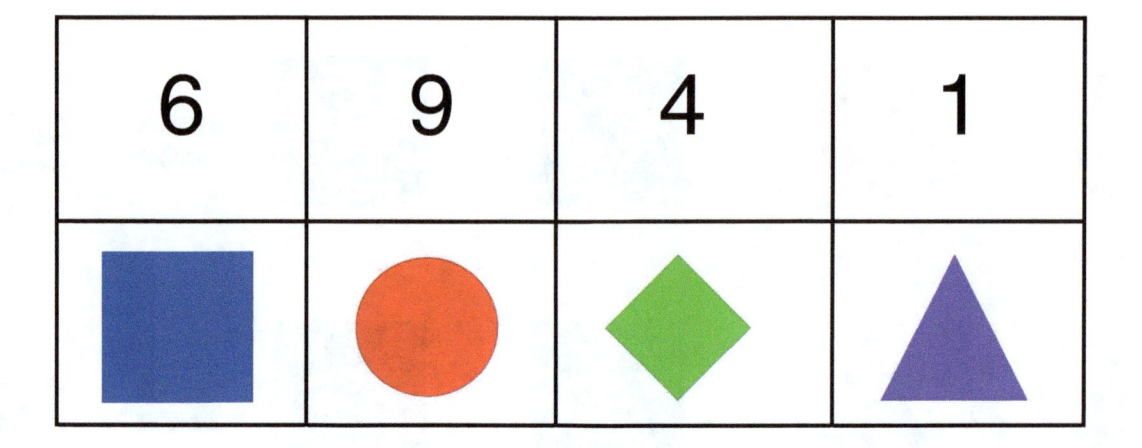

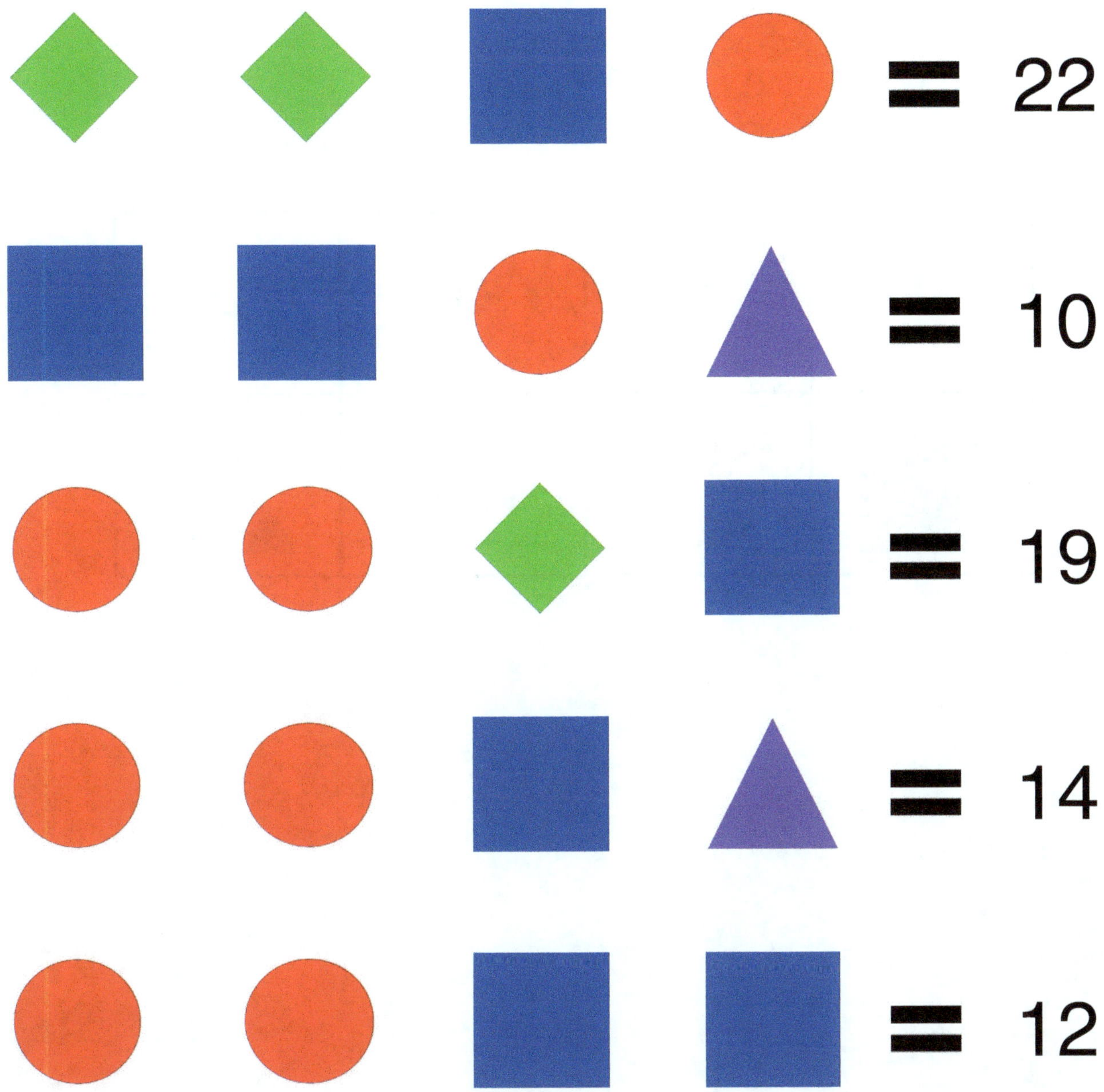

= 22
= 10
= 19
= 14
= 12

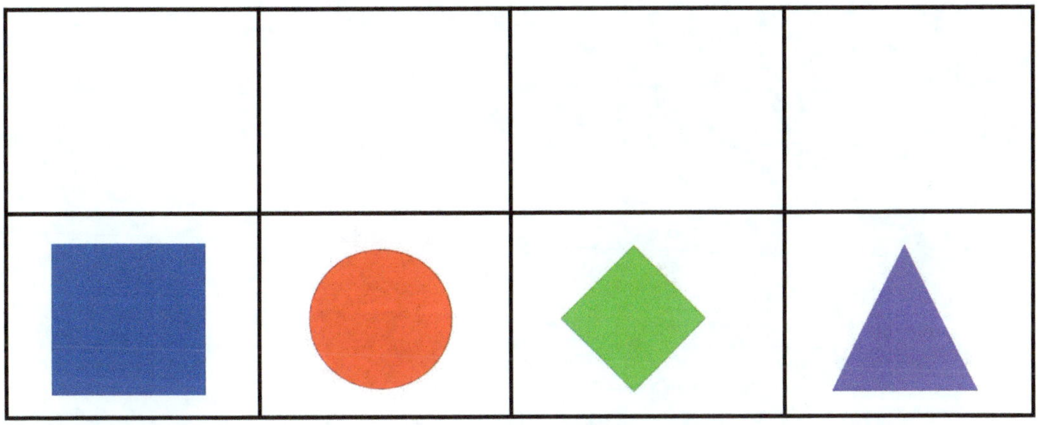

1	5	8	3
■	●	◆	▲

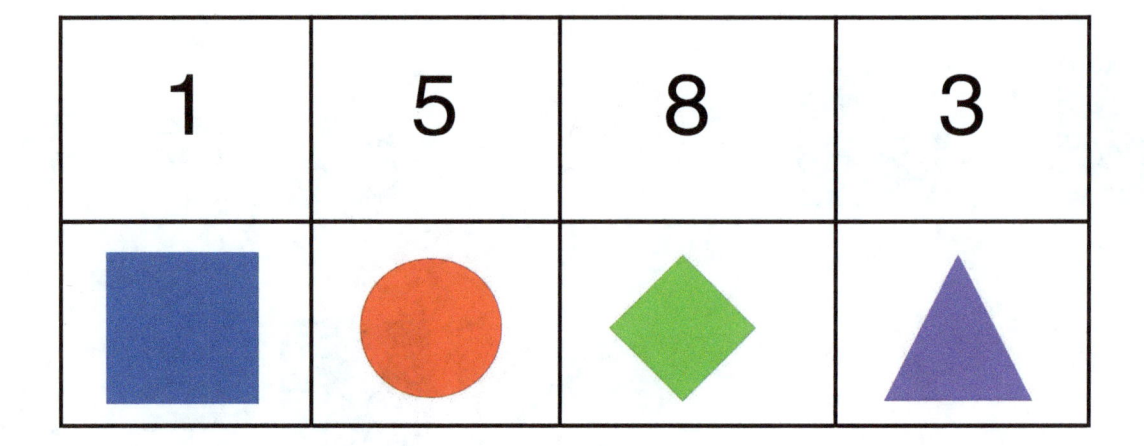

🟢🟢 🟠🟠 = 20

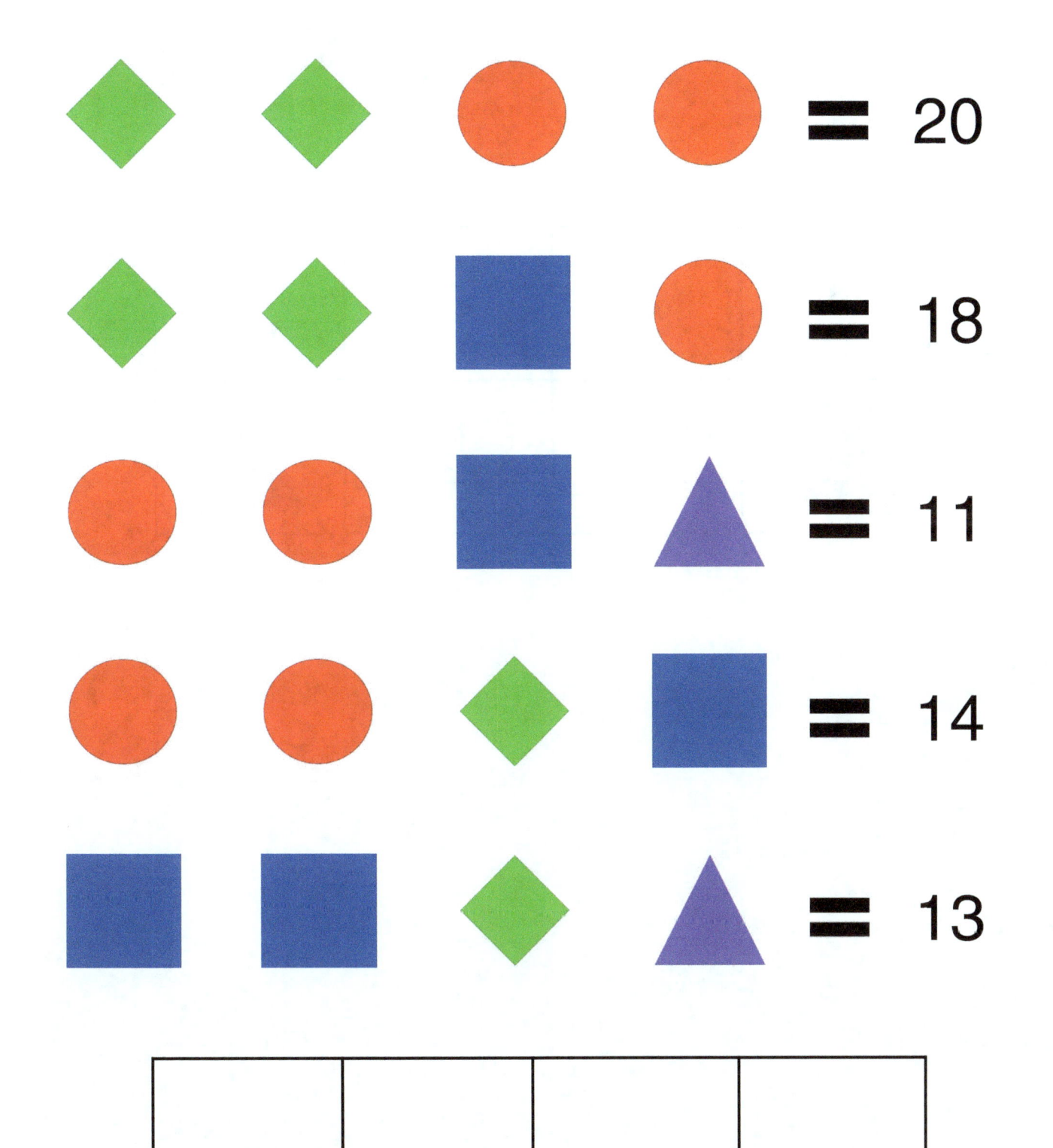

🟢🟢 🟦 🟠 = 18

🟠🟠 🟦 🔺 = 11

🟠🟠 🟢 🟦 = 14

🟦🟦 🟢 🔺 = 13

🟦	🟠	🟢	🔺

1	3	7	4
■	●	◆	▲

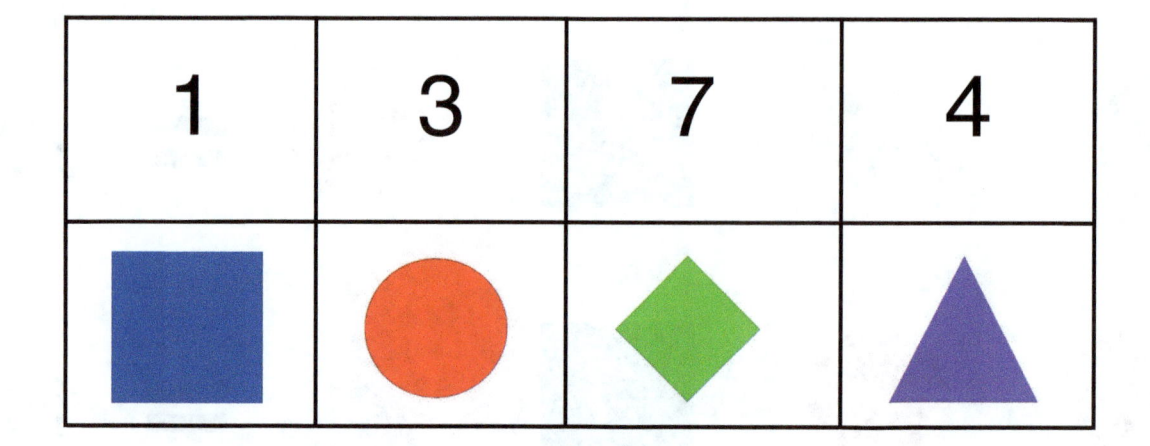

△ △ ■ ● = 18

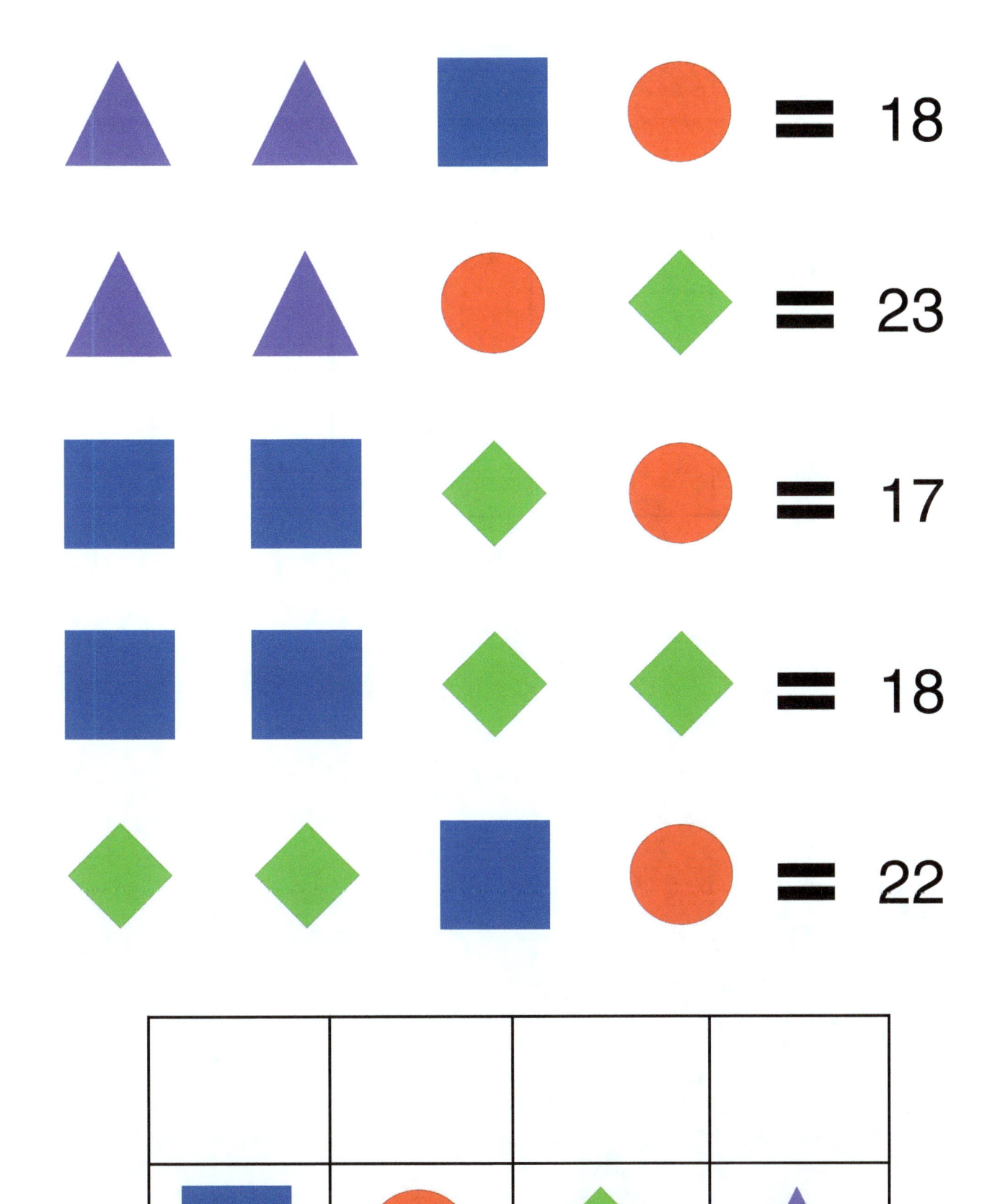

△ △ ● ◆ = 23

■ ■ ◆ ● = 17

■ ■ ◆ ◆ = 18

◆ ◆ ■ ● = 22

■	●	◆	△

2	6	7	5
■	●	◆	▲

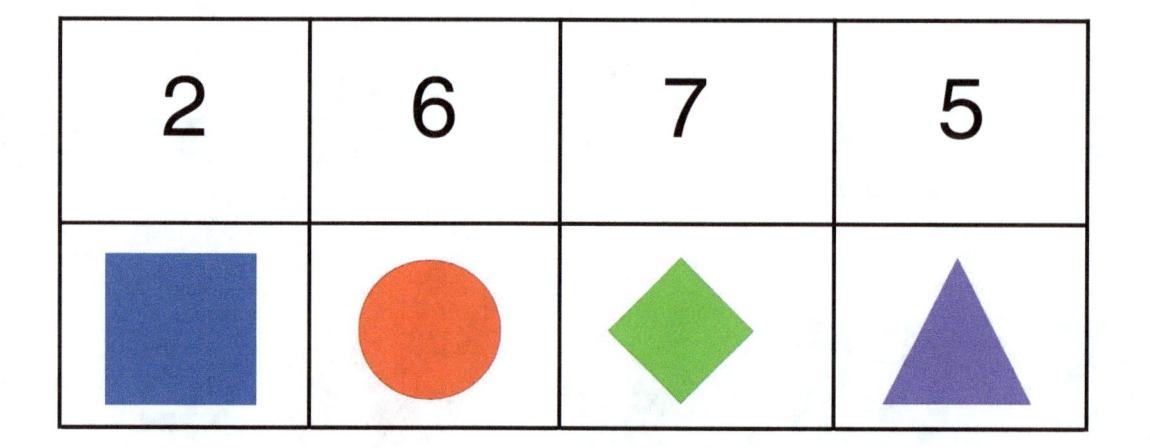

2▲ + 2◆ = 32
2■ + ● + ▲ = 23
2◆ + ■ + ● = 18
2◆ + 2● = 26
2■ + ◆ + ● = 15

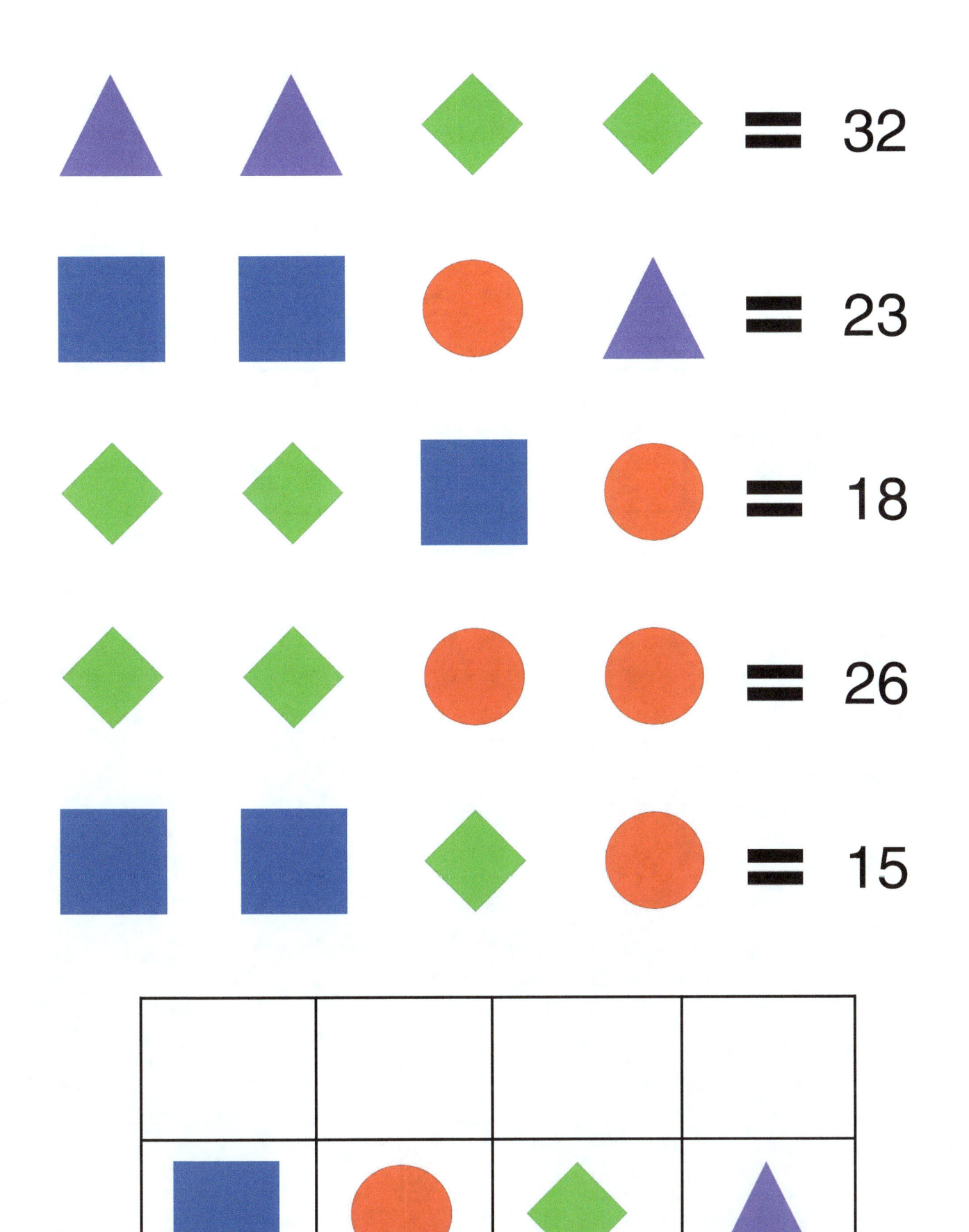

■	●	◆	▲

1	9	4	12
■	●	◆	▲

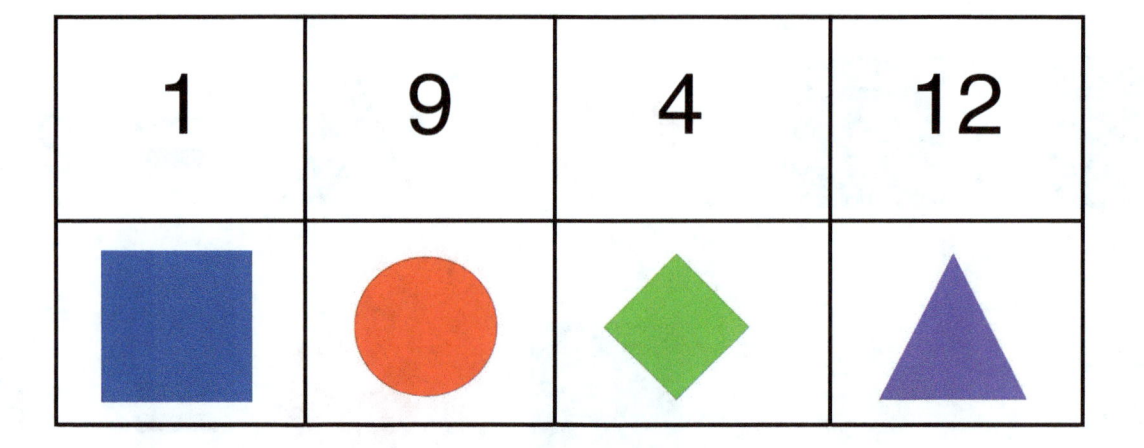

■ ■ ▲ ▲ = 18

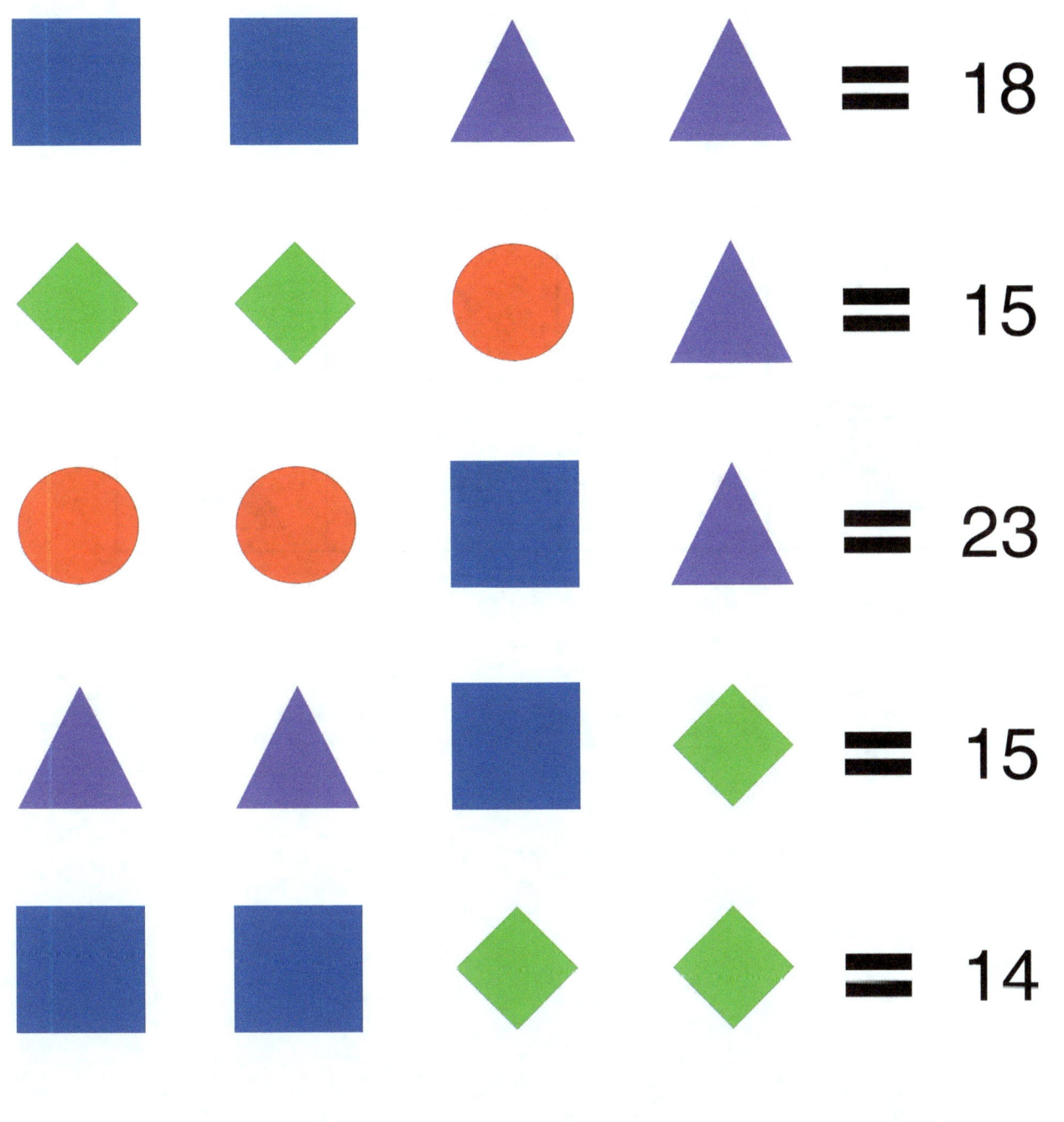

◆ ◆ ● ▲ = 15

● ● ■ ▲ = 23

▲ ▲ ■ ◆ = 15

■ ■ ◆ ◆ = 14

5	7	2	4
■	●	◆	▲

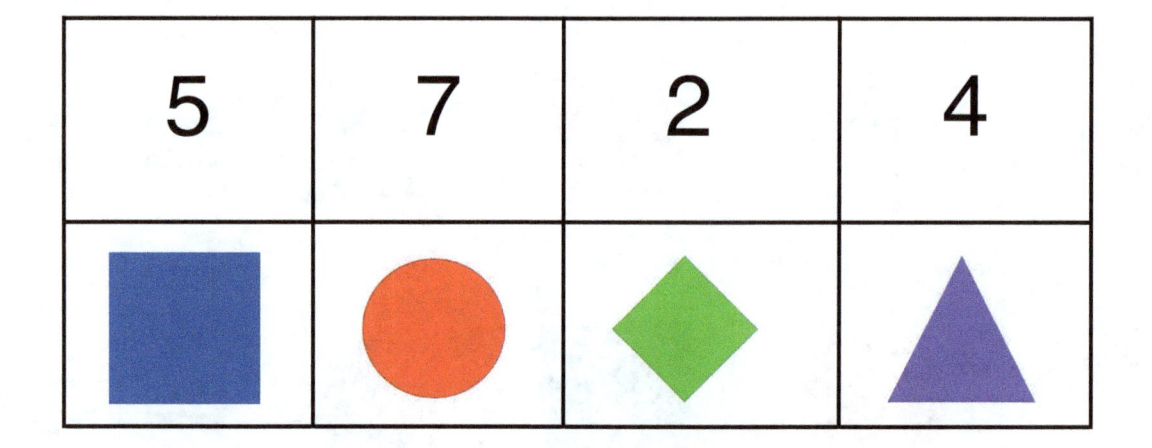

△ △ ● ◆ = 35

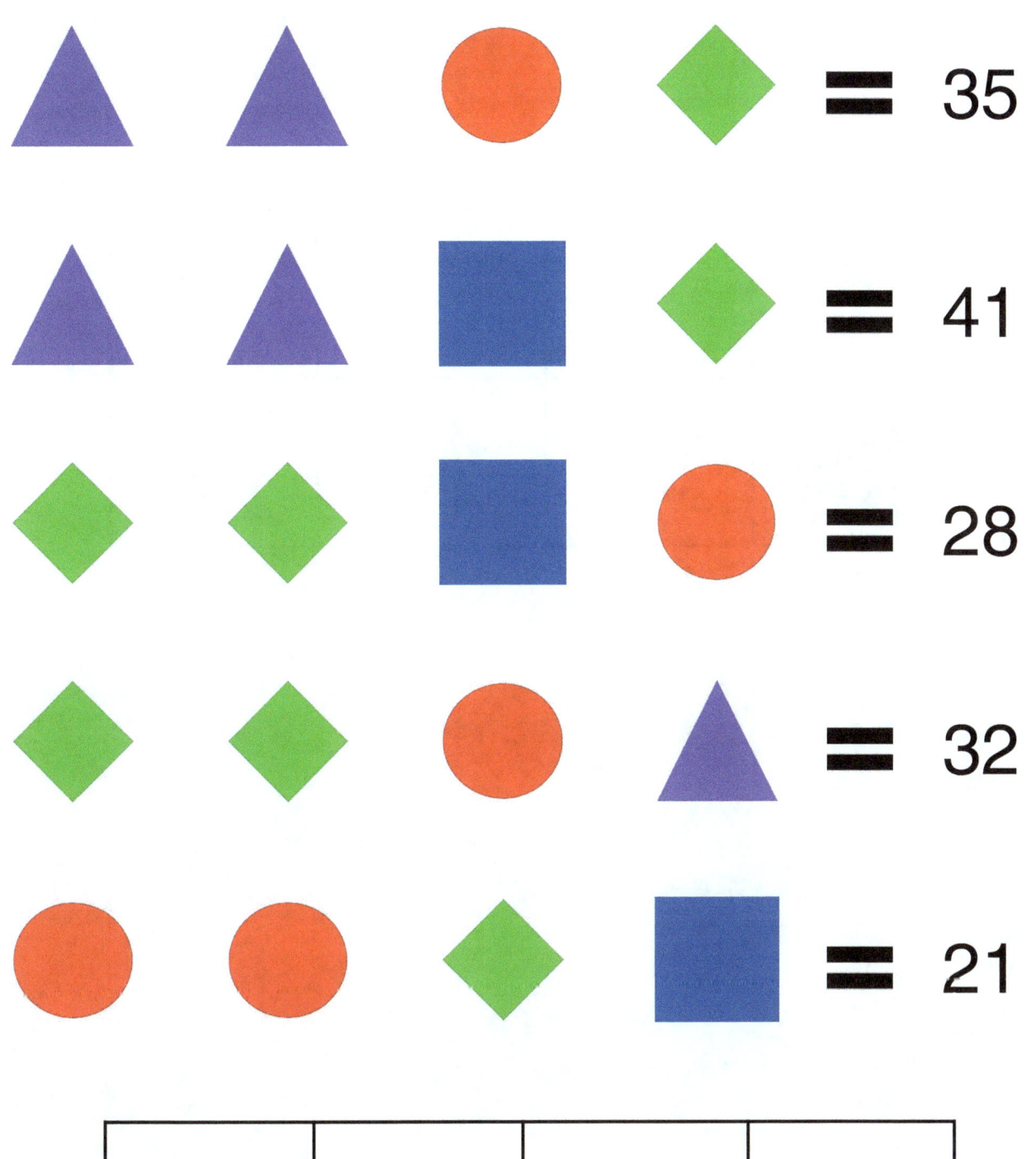

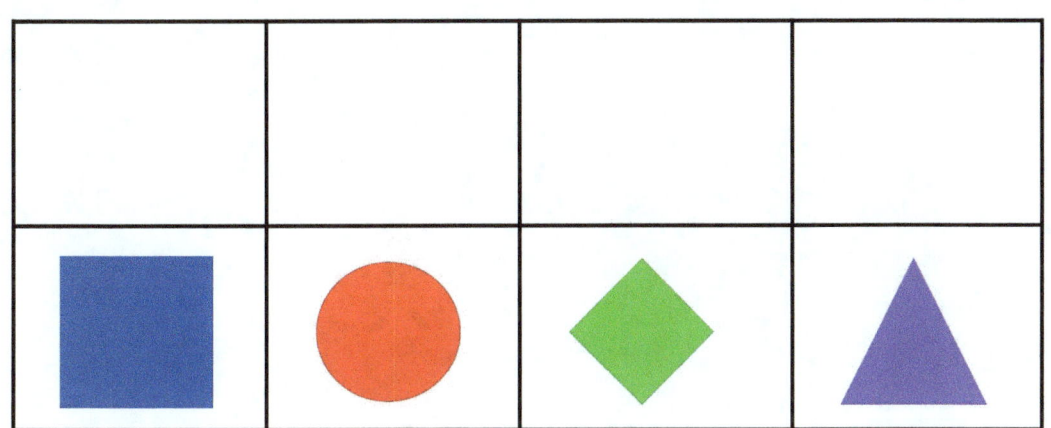

△ △ ■ ◆ = 41

◆ ◆ ■ ● = 28

◆ ◆ ● △ = 32

● ● ◆ ■ = 21

8	2	9	12
■	●	◆	▲

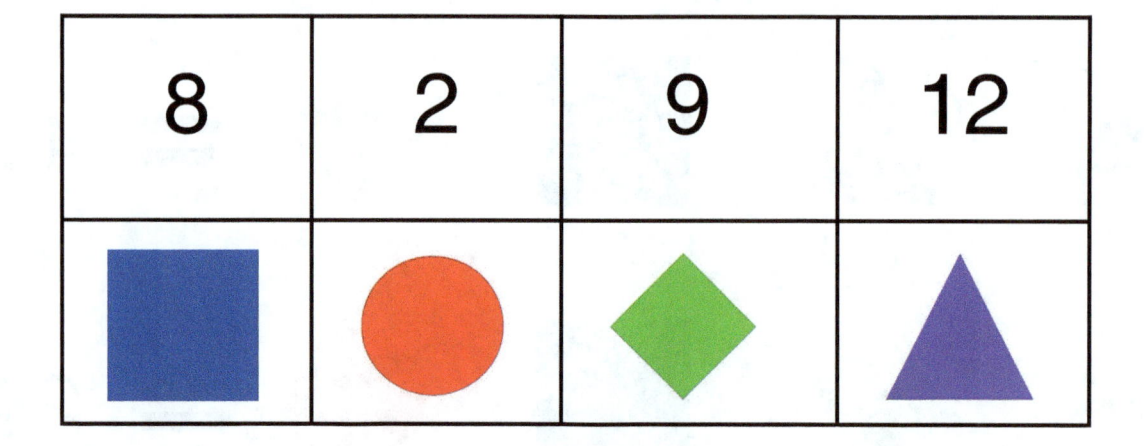

△ △ ● ★ ★ = 34

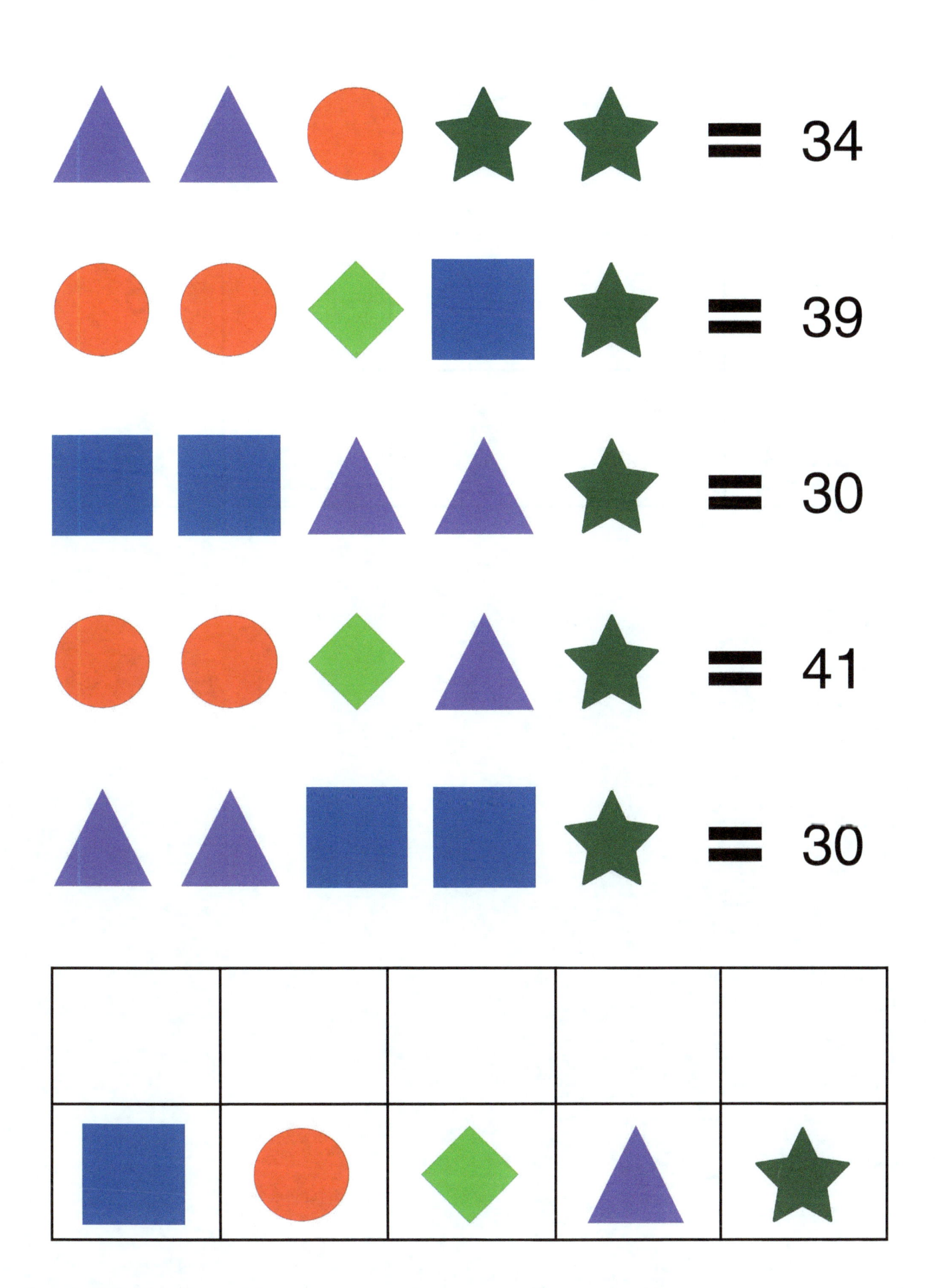

● ● ◆ ■ ★ = 39

■ ■ △ △ ★ = 30

● ● ◆ △ ★ = 41

△ △ ■ ■ ★ = 30

5	8	12	7	6
■	●	◆	▲	★

★ ★ ● ★ ◆ = 18

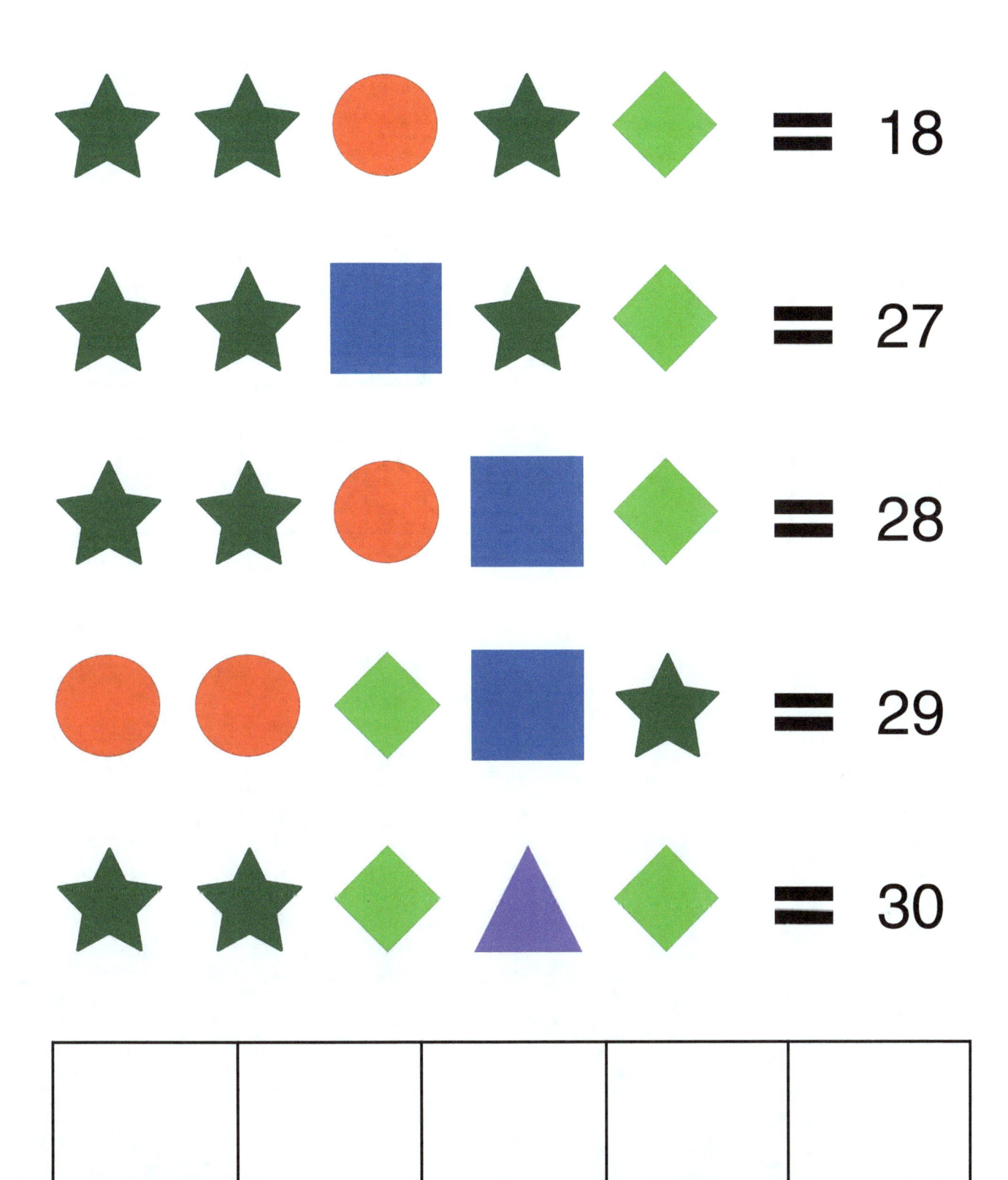

★ ★ ■ ★ ◆ = 27

★ ★ ● ■ ◆ = 28

● ● ◆ ■ ★ = 29

★ ★ ◆ ▲ ◆ = 30

■	●	◆	▲	★

12	3	9	8	2
■	●	◆	▲	★

○ ○ ◆ ■ ★ = 31

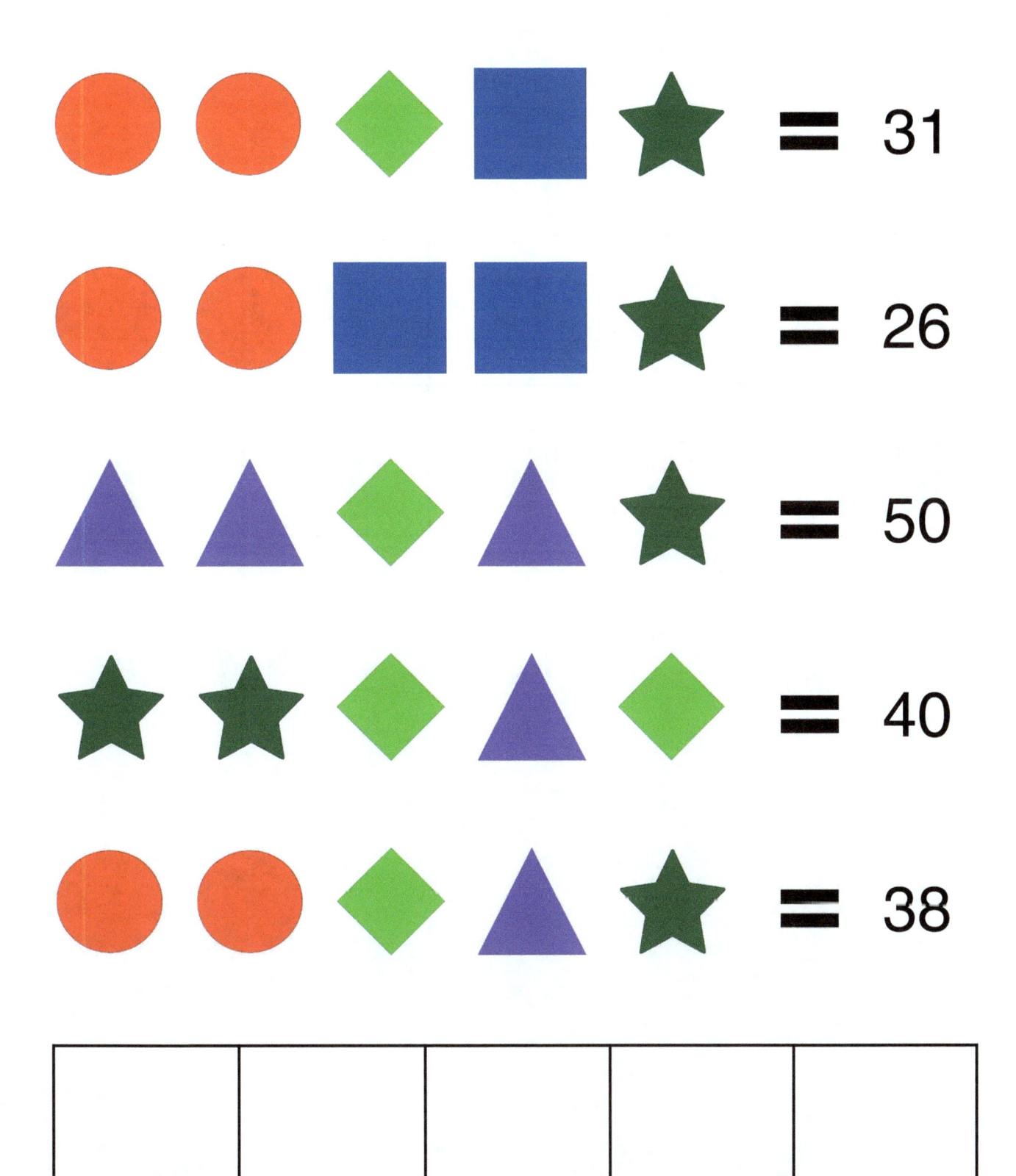

○ ○ ■ ■ ★ = 26

▲ ▲ ◆ ▲ ★ = 50

★ ★ ◆ ▲ ◆ = 40

○ ○ ◆ ▲ ★ = 38

■	○	◆	▲	★

5	6	10	12	4
■	●	◆	▲	★

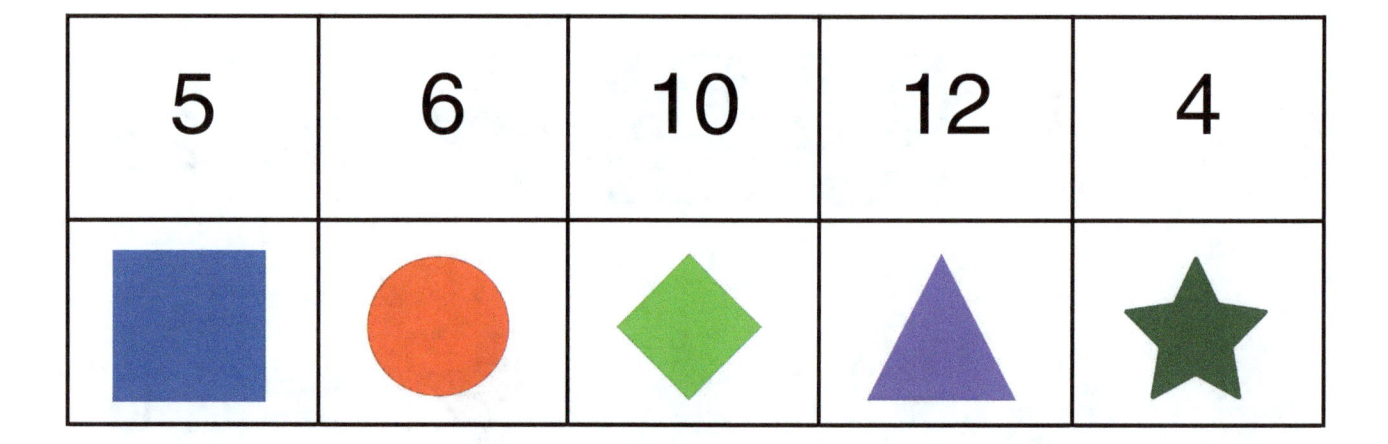

★ ★ ● ■ ◆ = 22

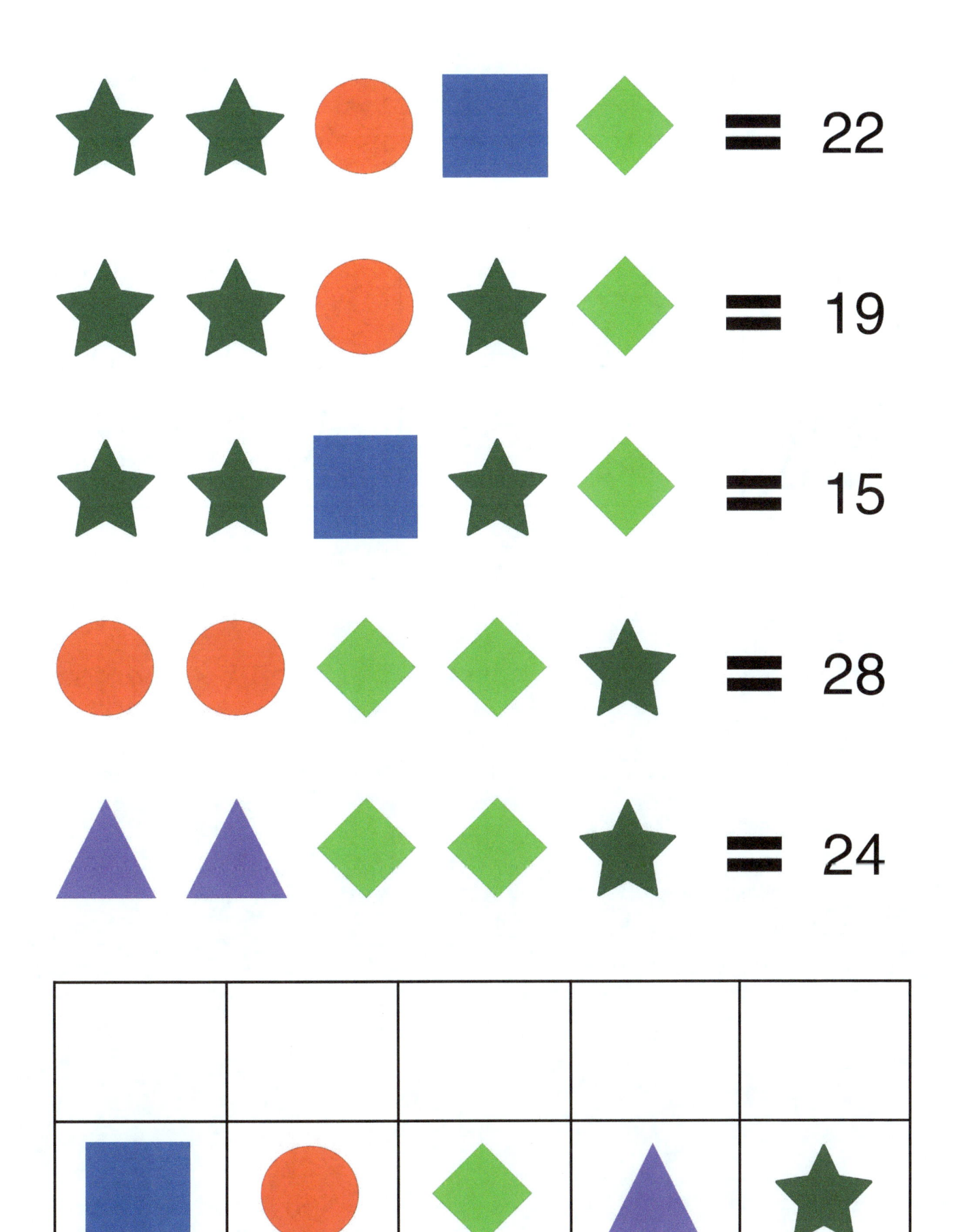

★ ★ ● ★ ◆ = 19

★ ★ ■ ★ ◆ = 15

● ● ◆ ◆ ★ = 28

▲ ▲ ◆ ◆ ★ = 24

5	9	4	7	2
■	●	◆	▲	★

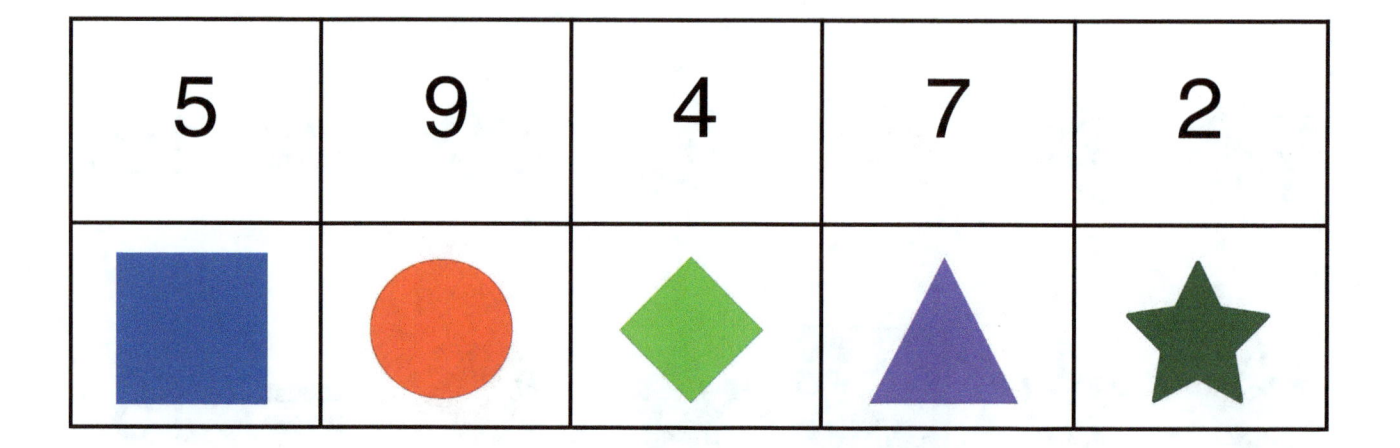

△ △ ■ ★ ★ = 46

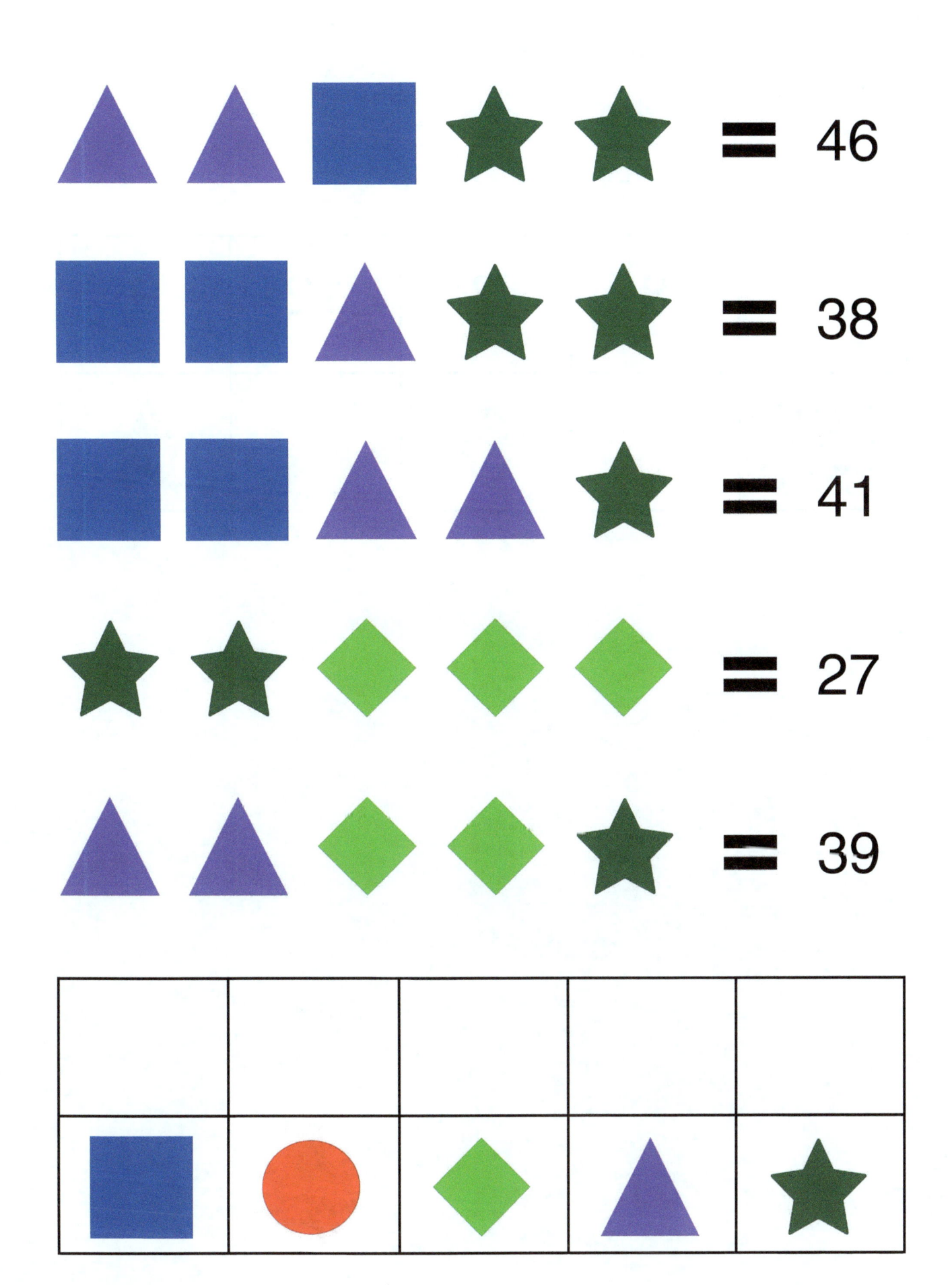

■ ■ △ ★ ★ = 38

■ ■ △ △ ★ = 41

★ ★ ◆ ◆ ◆ = 27

△ △ ◆ ◆ ★ = 39

4	8	3	12	9
■	●	◆	▲	★

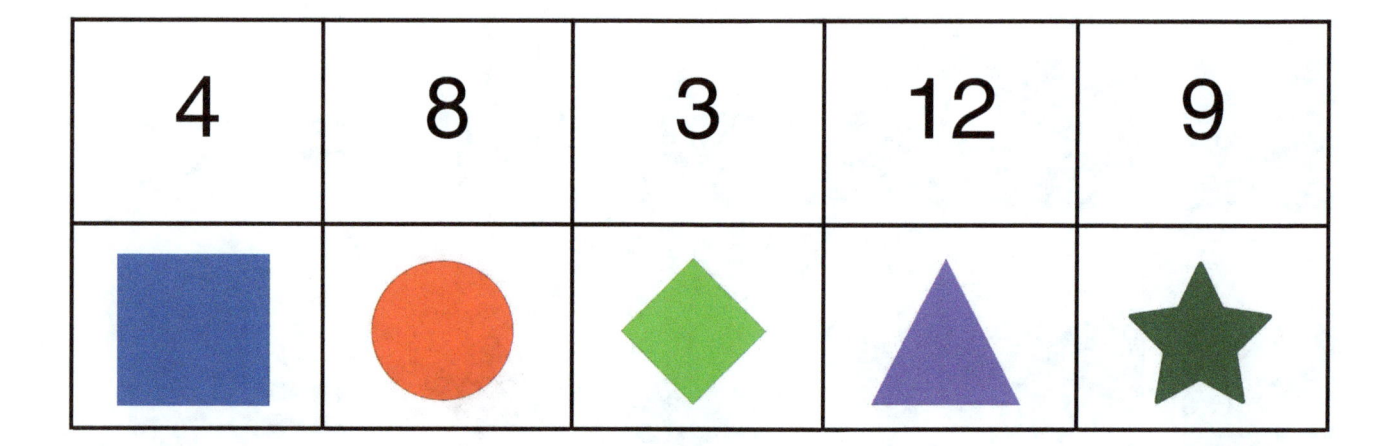

● ● ● ★ ★ = 39

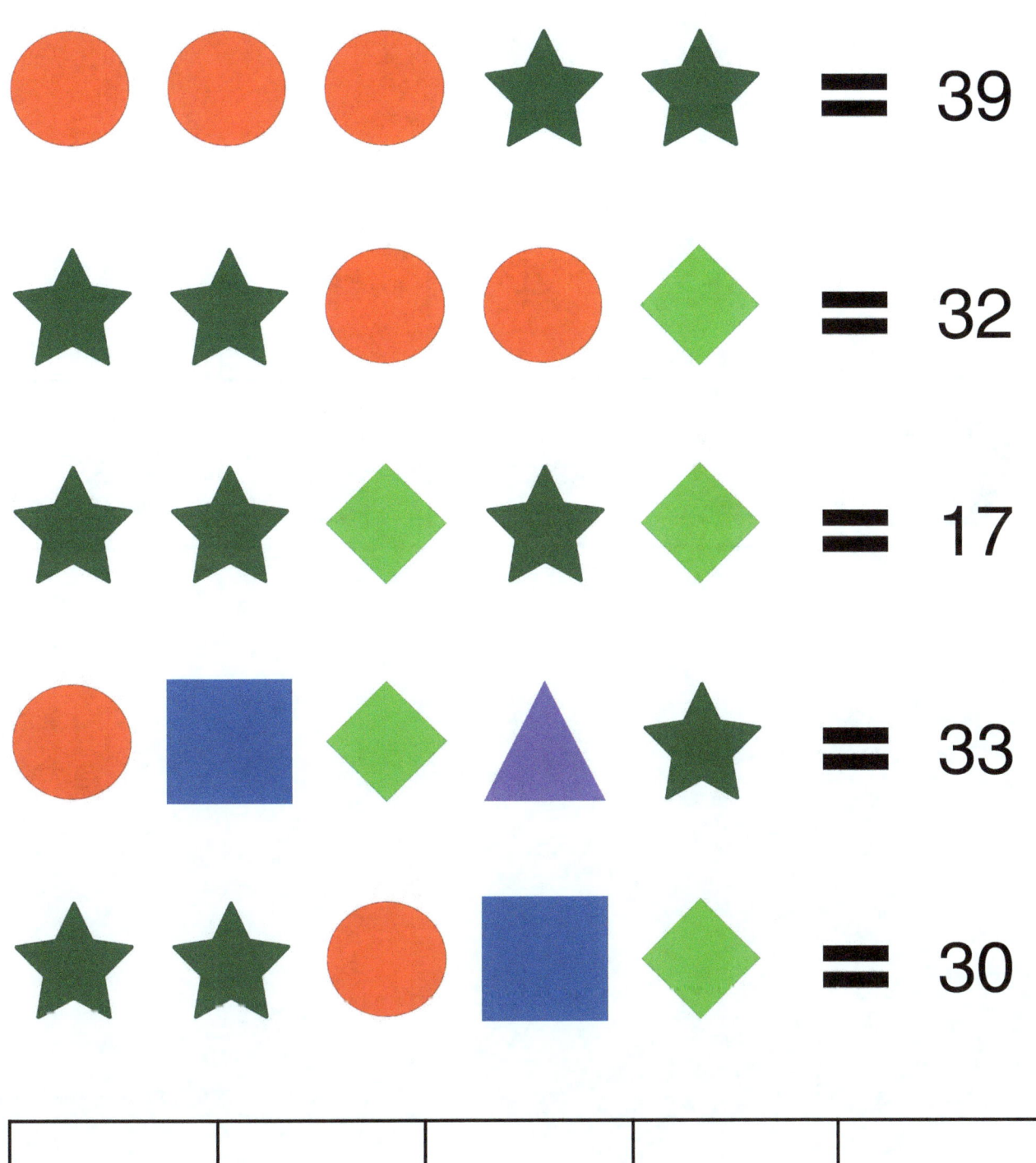

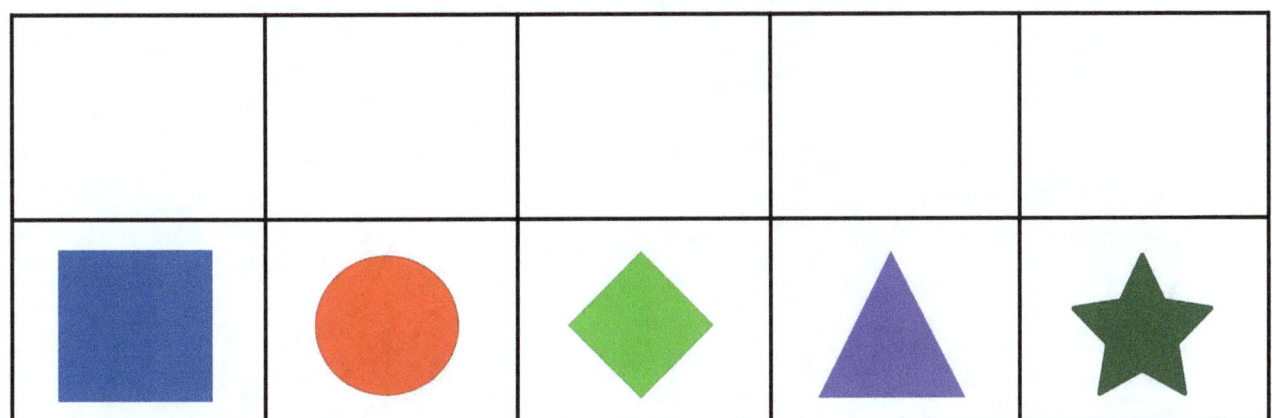

★ ★ ● ● ◆ = 32

★ ★ ◆ ★ ◆ = 17

● ■ ◆ ▲ ★ = 33

★ ★ ● ■ ◆ = 30

■	●	◆	▲	★

9	11	4	6	3
■	●	◆	▲	★

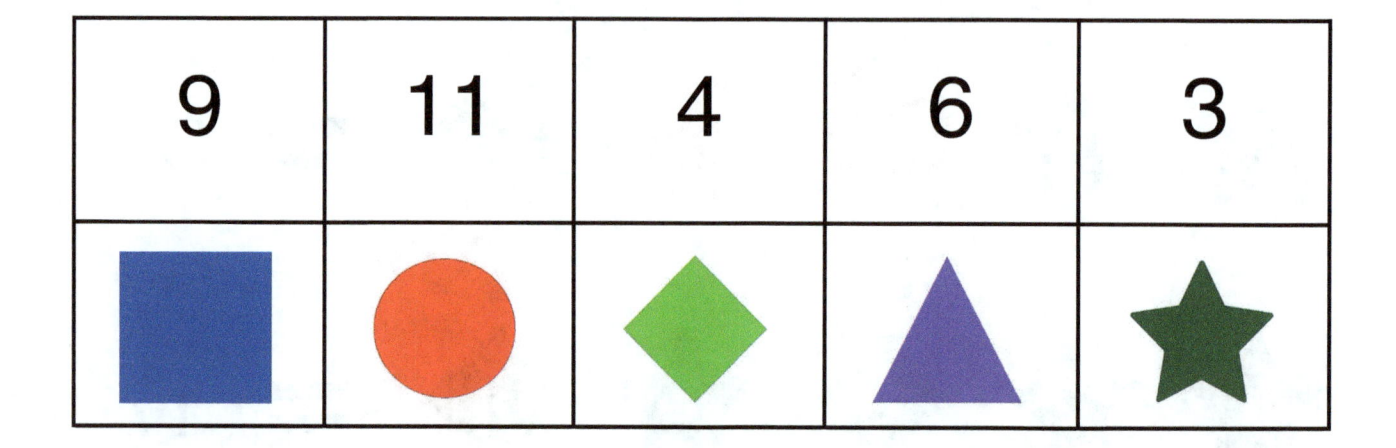

○ ○ ■ ■ ★ = 28

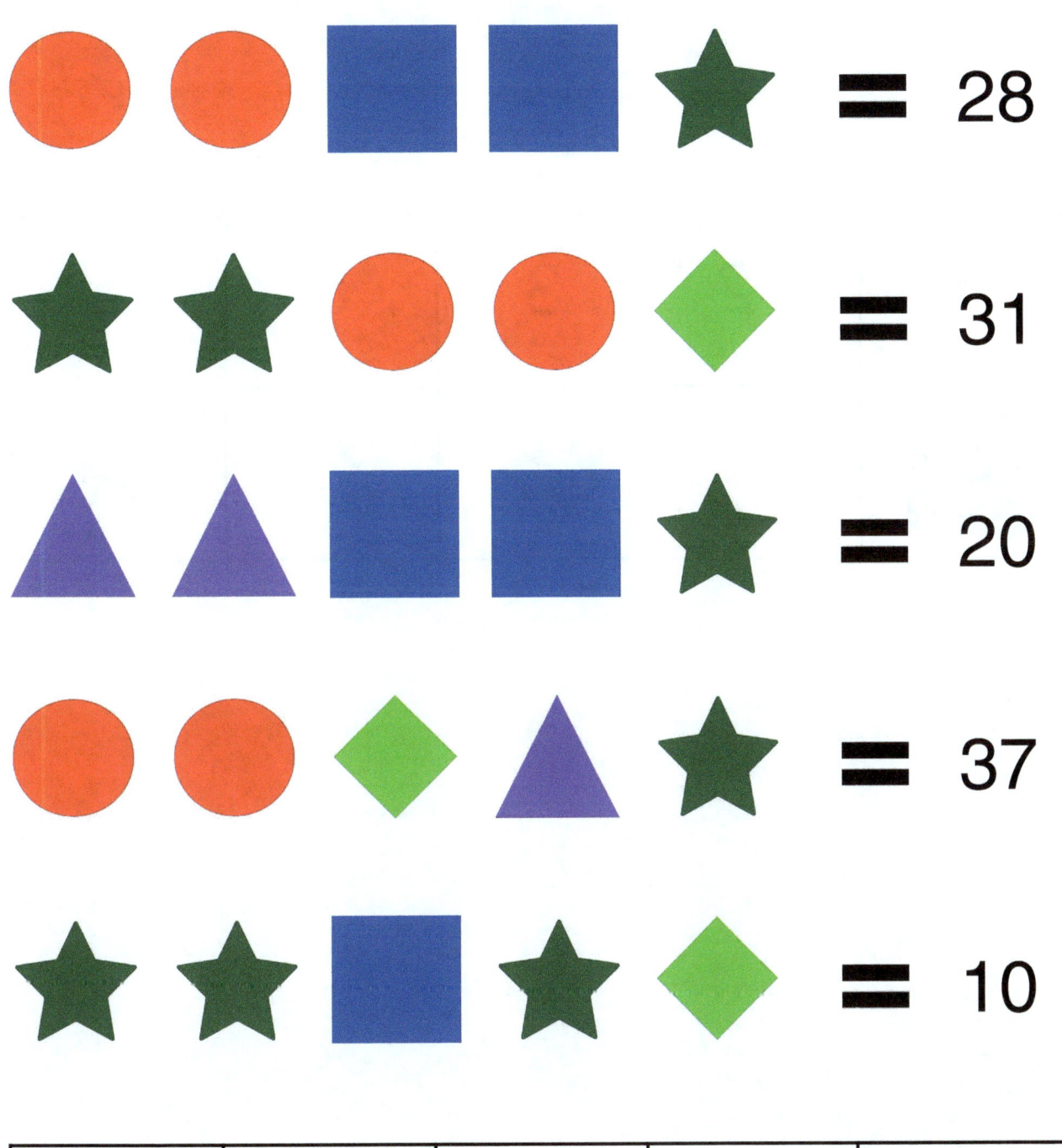

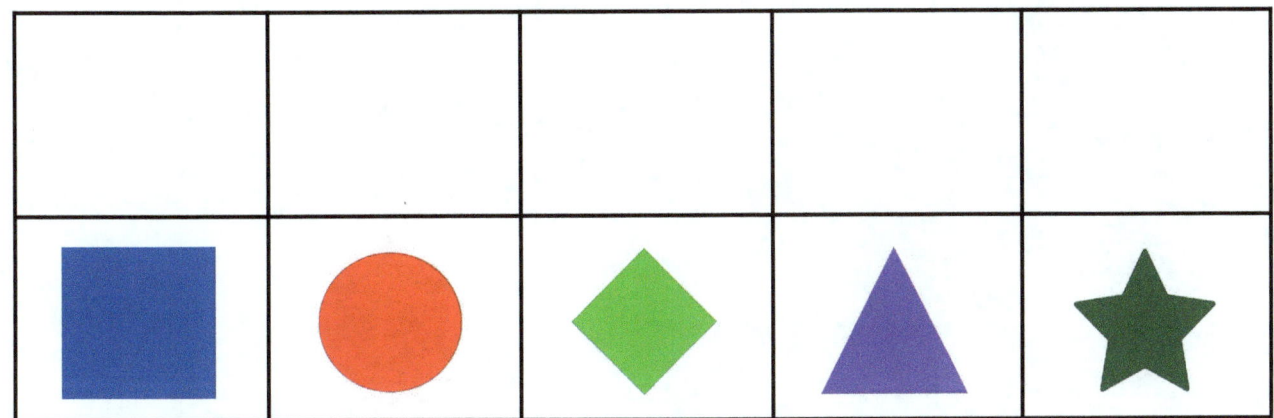

★ ★ ○ ○ ◆ = 31

▲ ▲ ■ ■ ★ = 20

○ ○ ◆ ▲ ★ = 37

★ ★ ■ ★ ◆ = 10

■	○	◆	▲	★

1	12	3	8	2
■	●	◆	▲	★

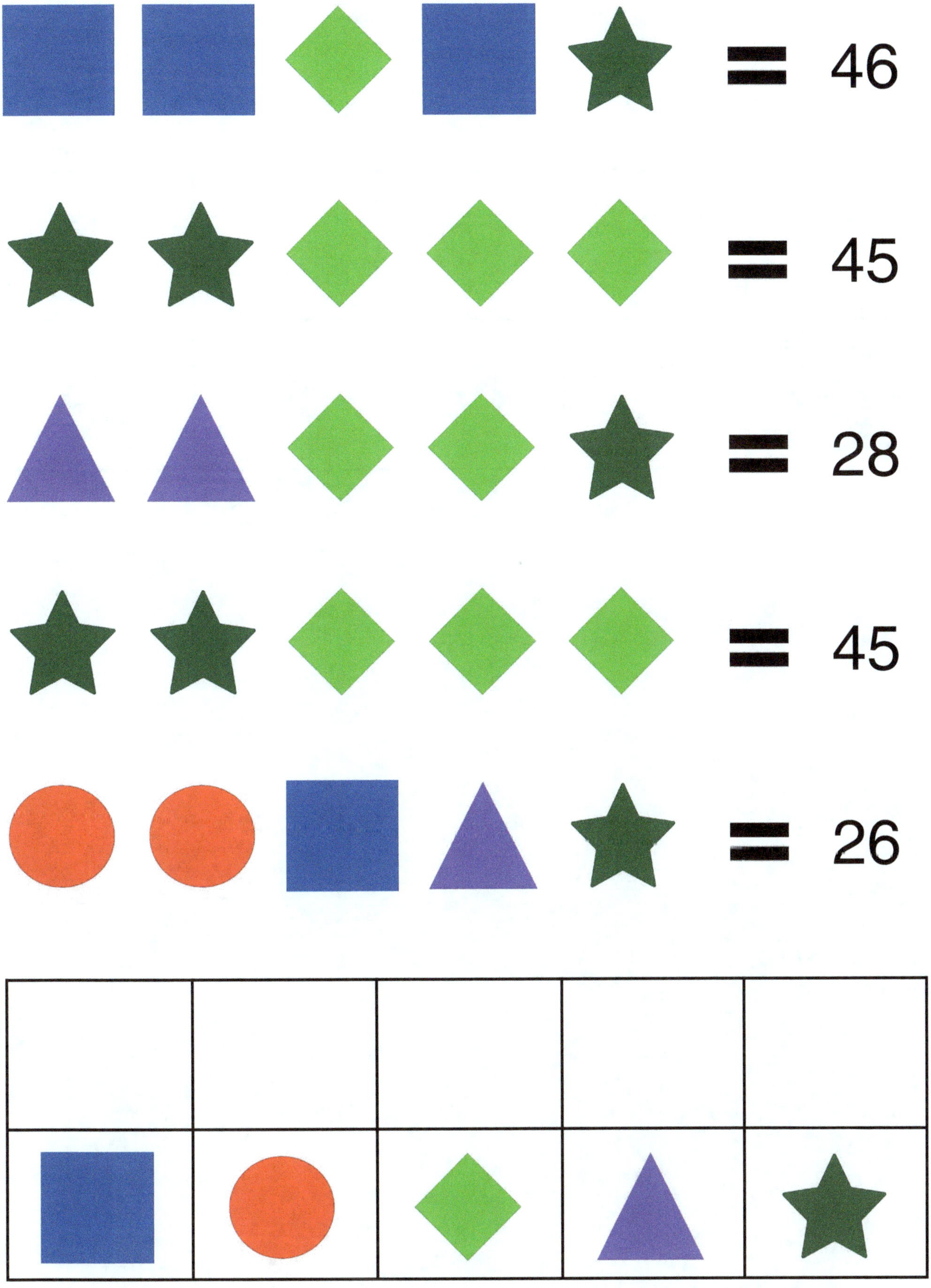
= 46
= 45
= 28
= 45
= 26

9	2	7	1	12
■	●	◆	▲	★

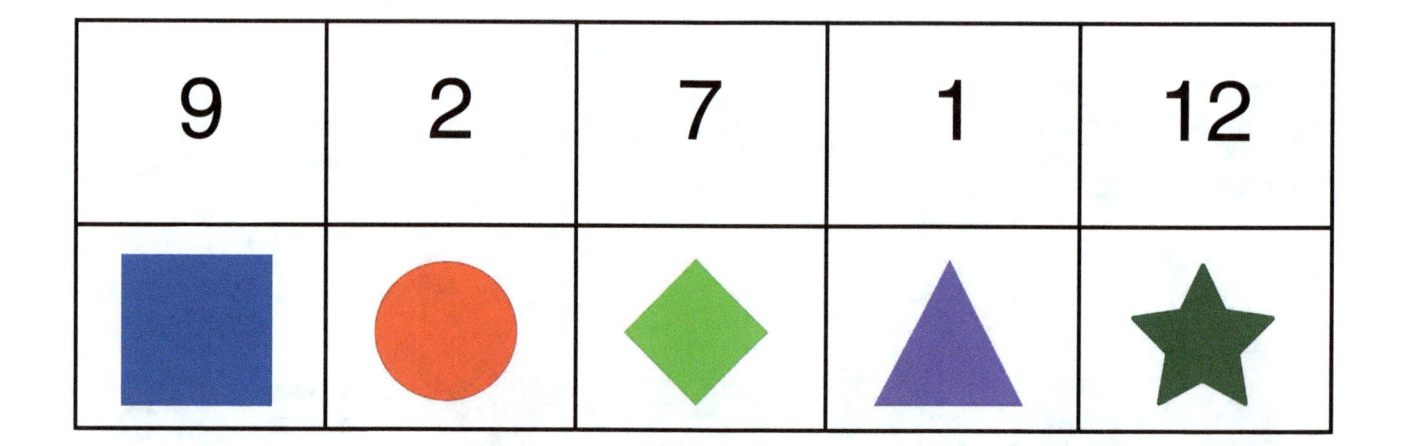

○ ○ ◆ ▲ ★ = 13

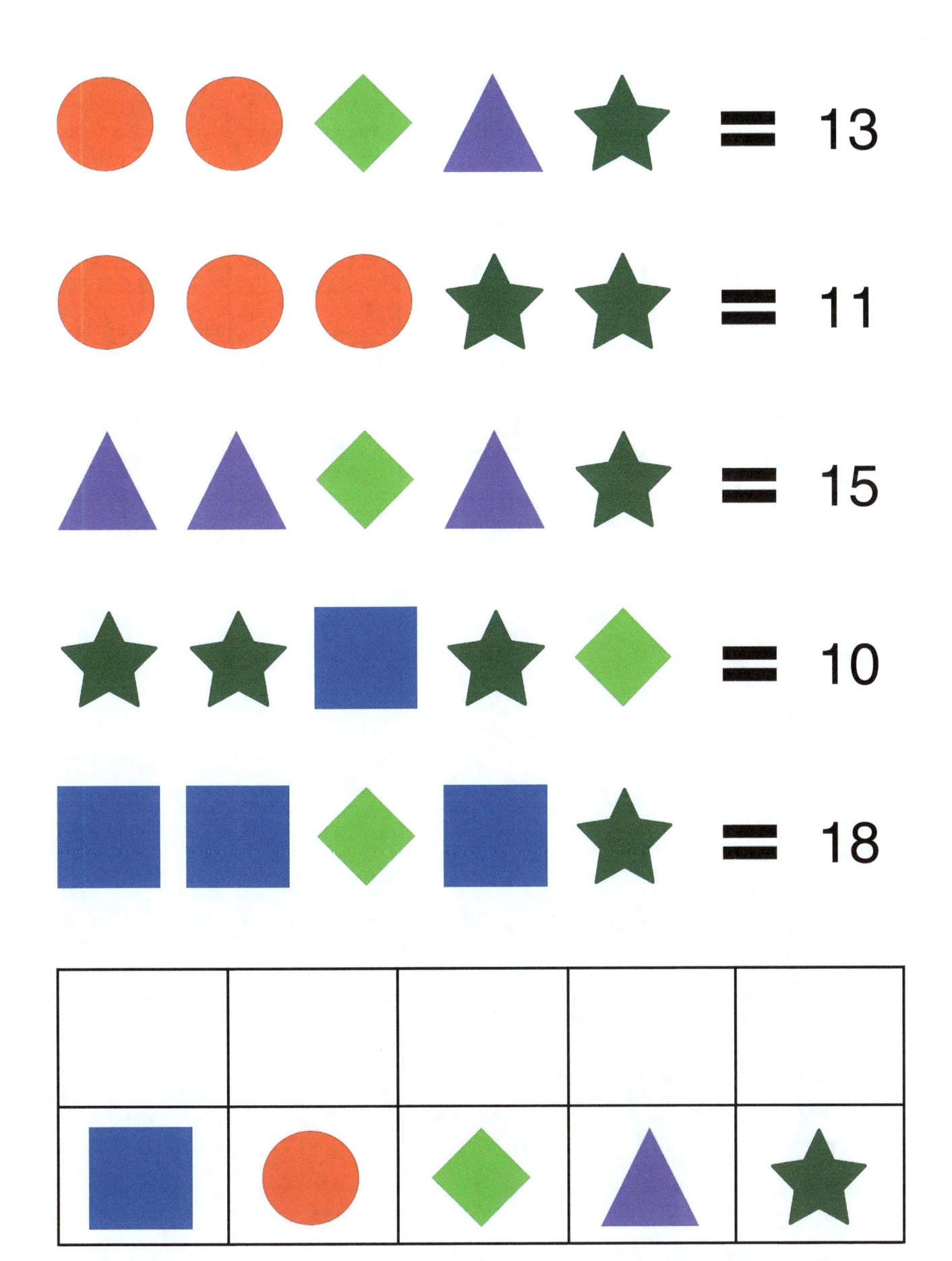

○ ○ ○ ★ ★ = 11

▲ ▲ ◆ ▲ ★ = 15

★ ★ ■ ★ ◆ = 10

■ ■ ◆ ■ ★ = 18

■	○	◆	▲	★

5	3	2	4	1
■	●	◆	▲	★

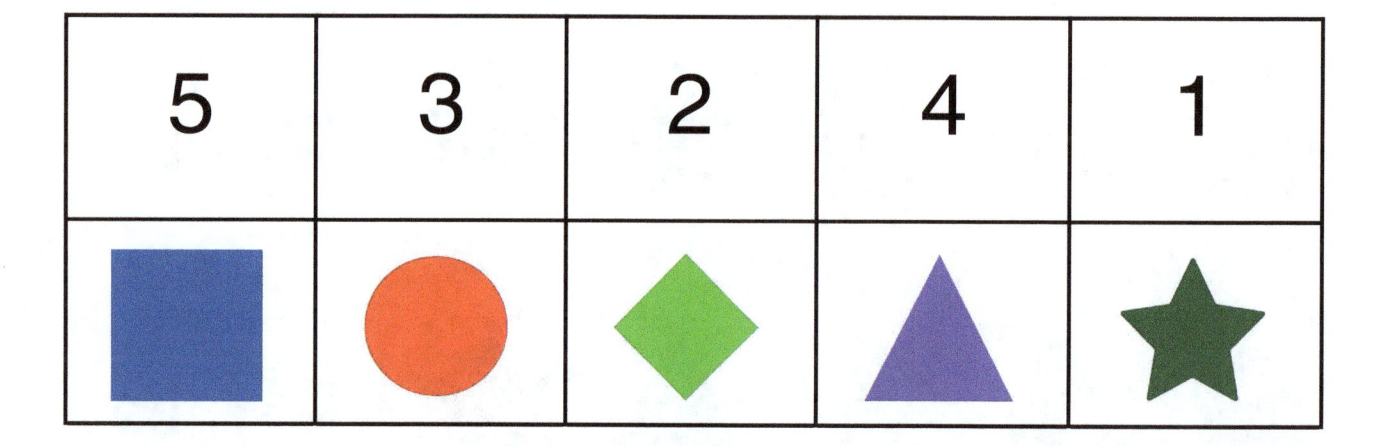

●●● ★★ = 9

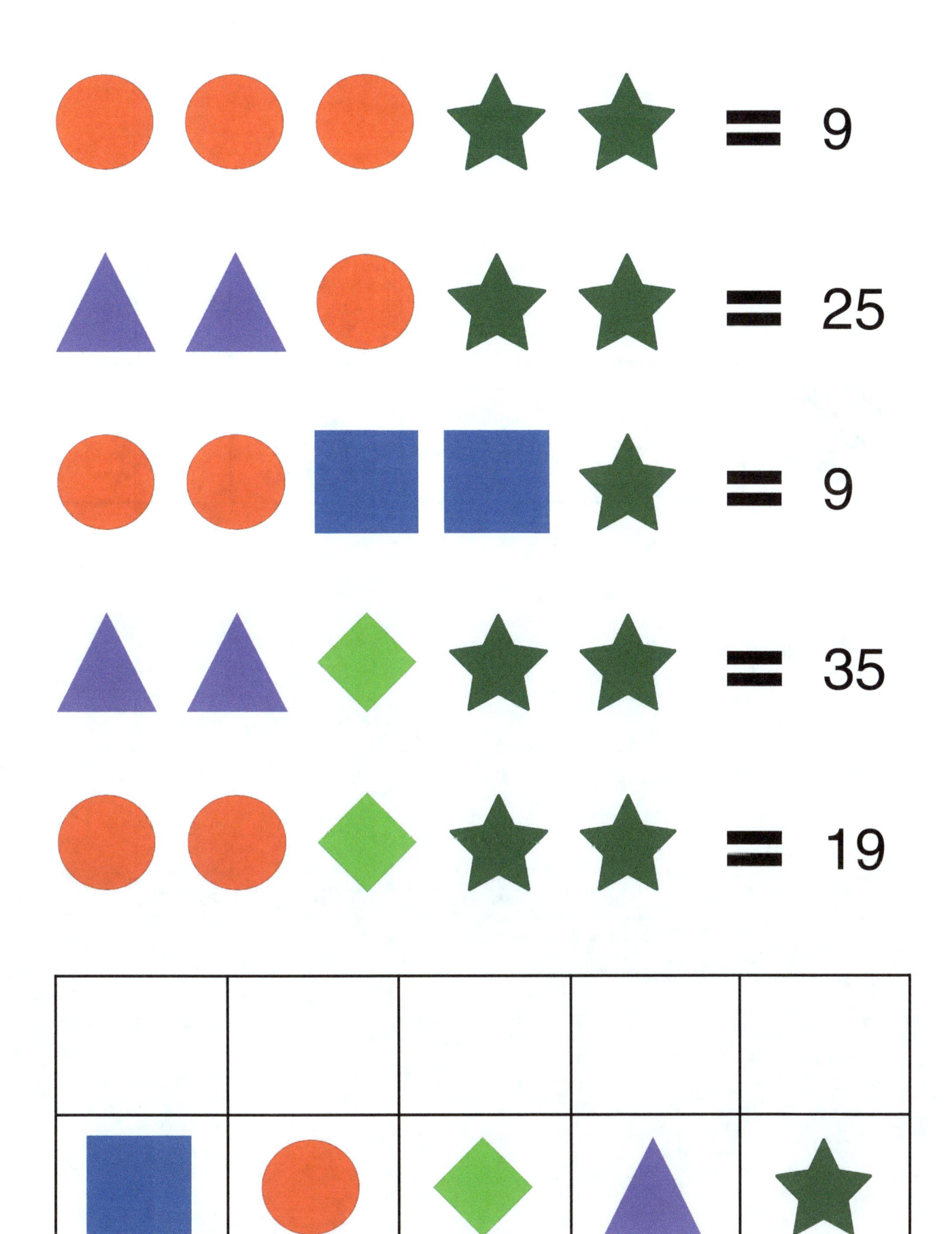

▲▲ ● ★★ = 25

●● ■■ ★ = 9

▲▲ ◆ ★★ = 35

●● ◆ ★★ = 19

■	●	◆	▲	★

2	1	11	9	3
■	●	◆	▲	★

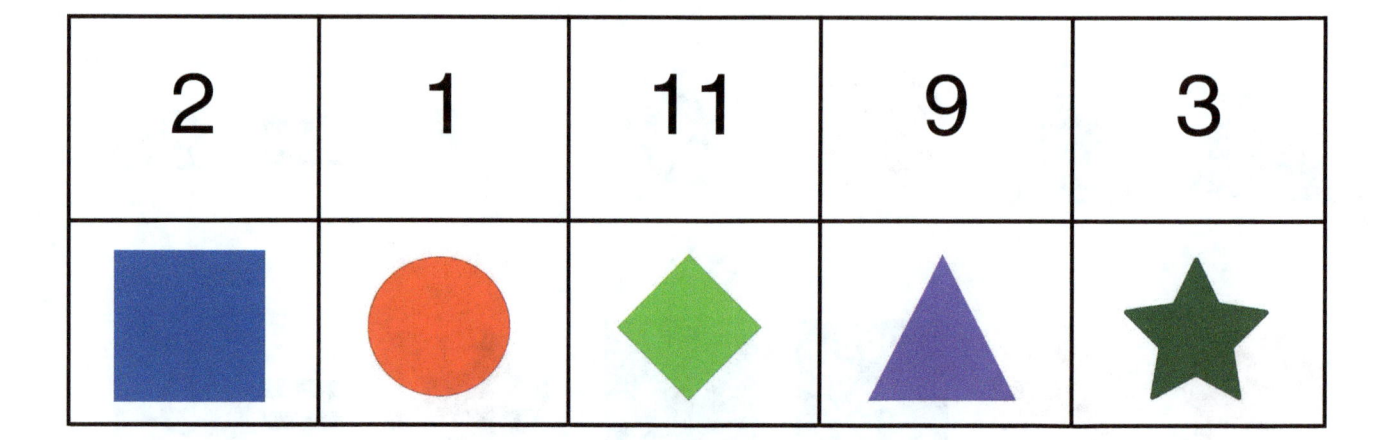

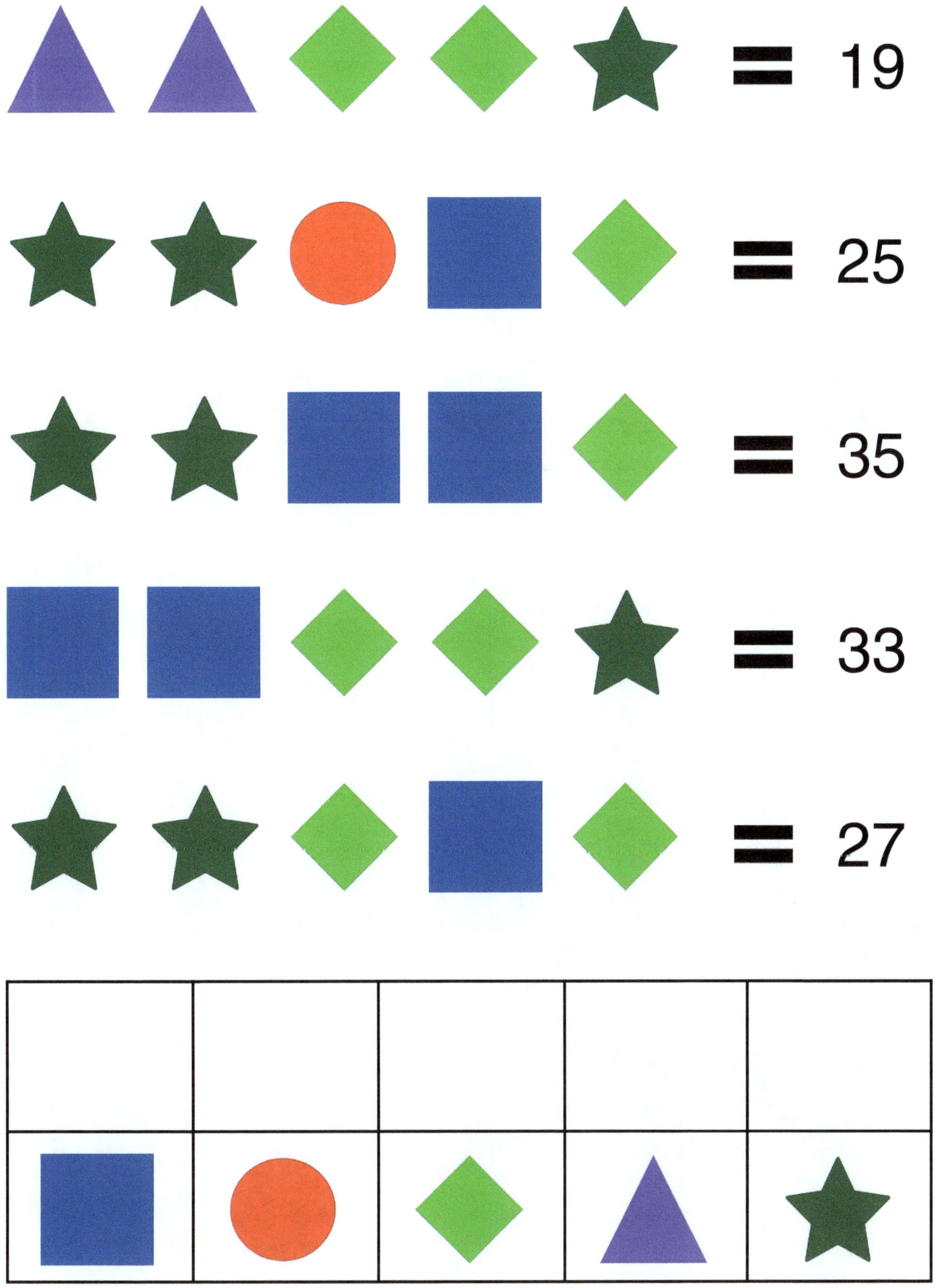
= 19
= 25
= 35
= 33
= 27

11	1	3	4	5
■	●	♦	▲	★

△ △ ■ ■ ★ = 27

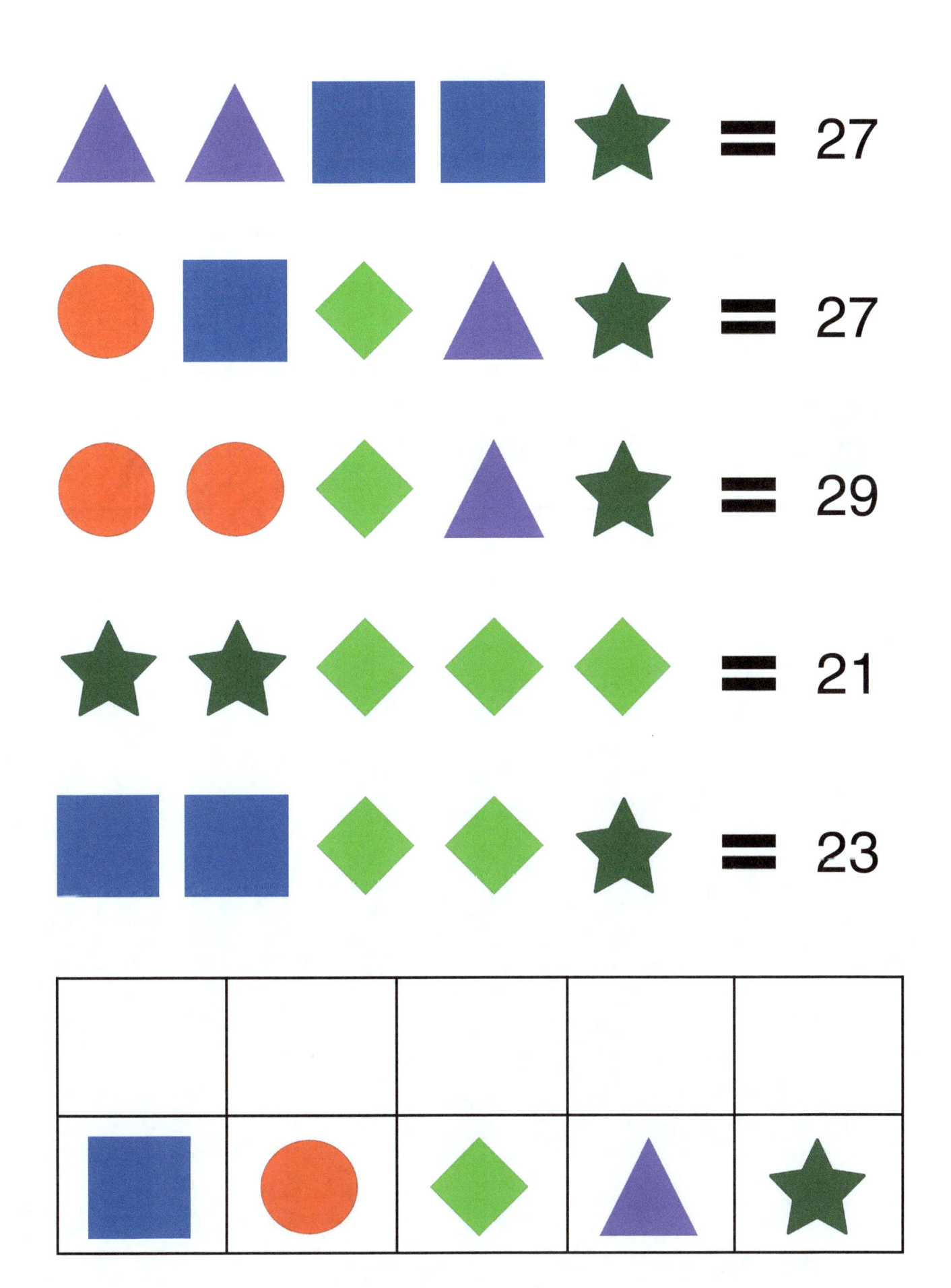

● ■ ◆ △ ★ = 27

● ● ◆ △ ★ = 29

★ ★ ◆ ◆ ◆ = 21

■ ■ ◆ ◆ ★ = 23

■	●	◆	△	★

6	8	1	3	9
■	●	◆	▲	★

■ ■ ◆ ◆ ★ = 27

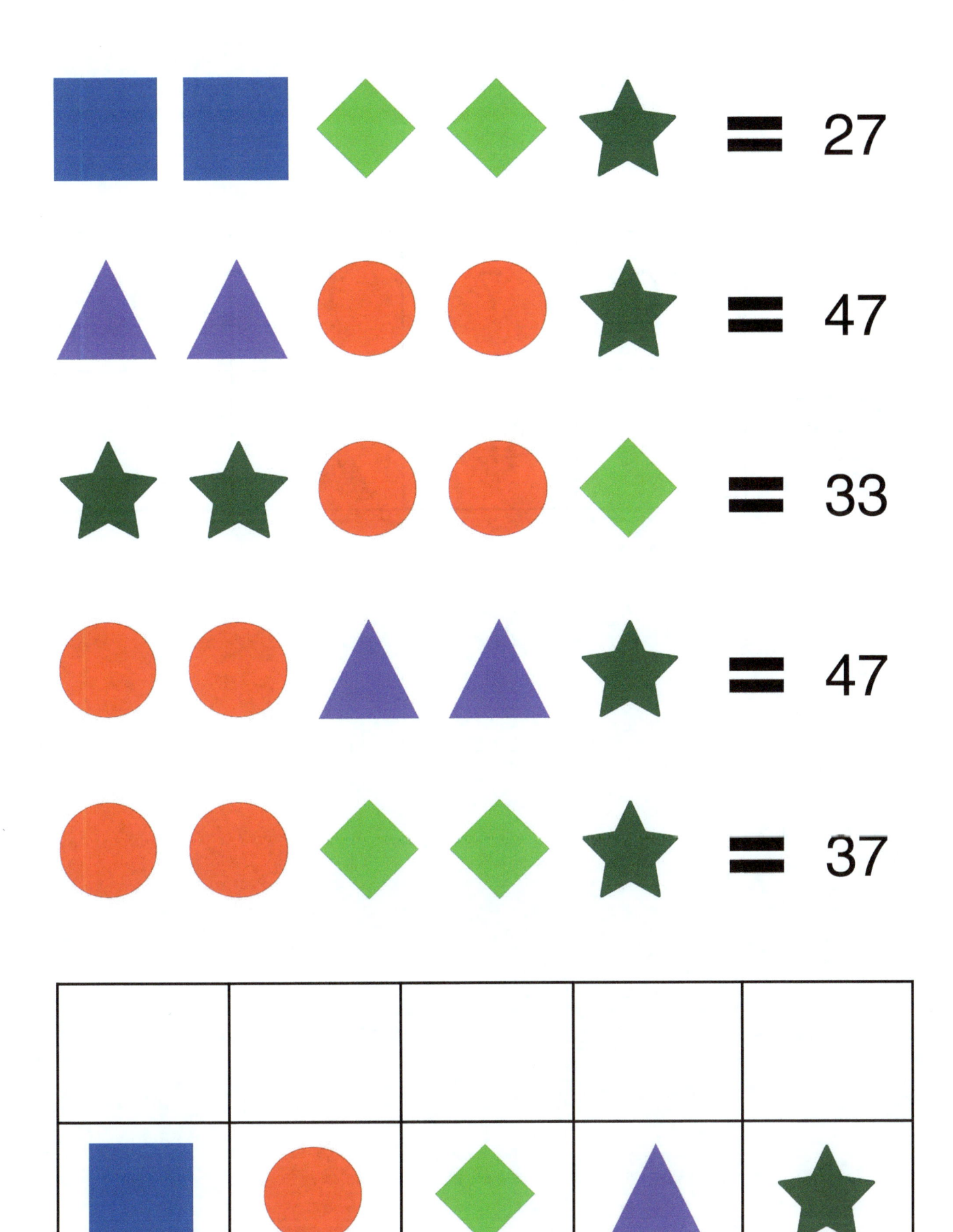

▲ ▲ ● ● ★ = 47

★ ★ ● ● ◆ = 33

● ● ▲ ▲ ★ = 47

● ● ◆ ◆ ★ = 37

■	●	◆	▲	★

5	10	7	12	3
■	●	◆	▲	★

△ △ ◆ ◆ ★ = 29

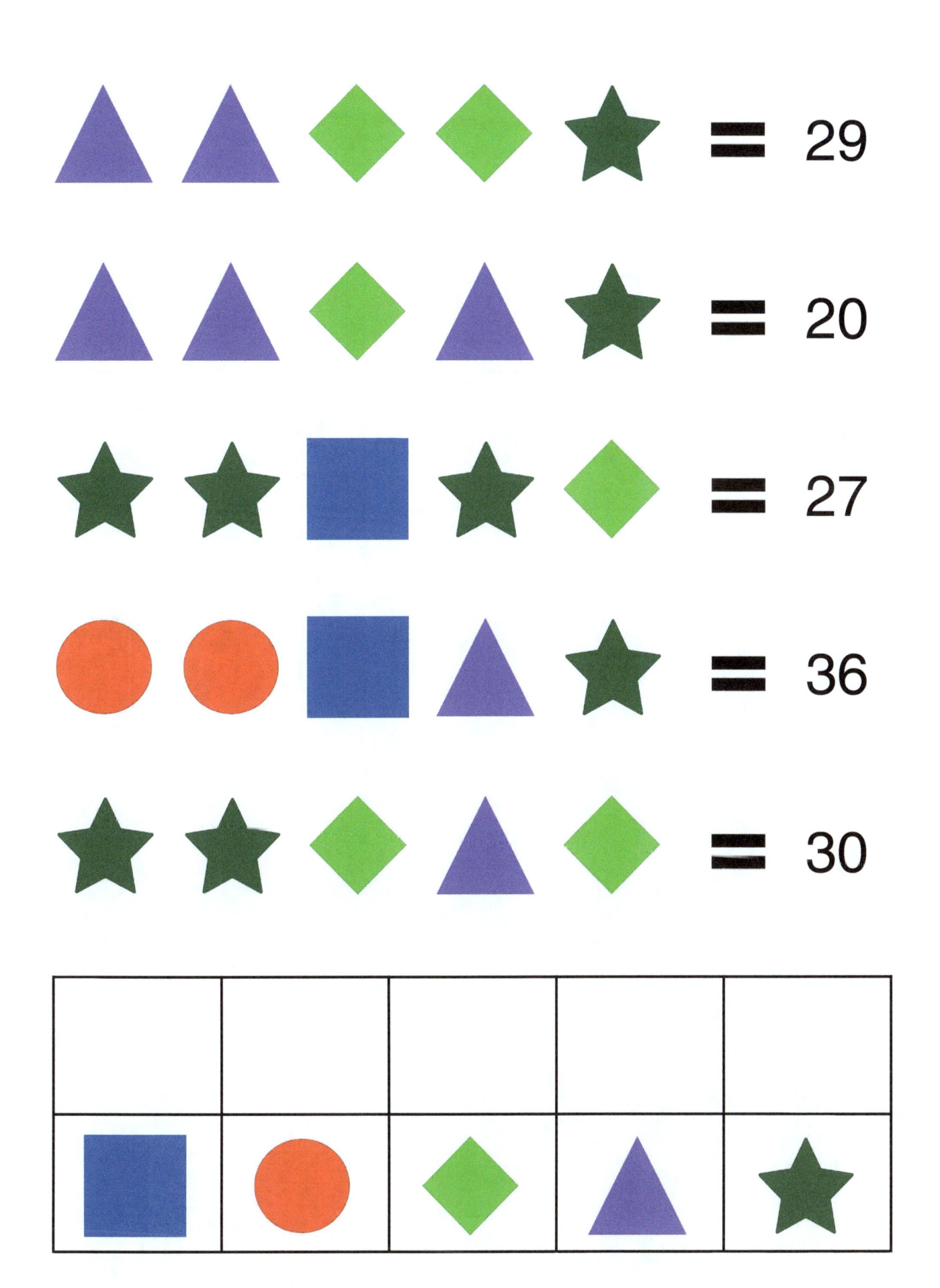

△ △ ◆ △ ★ = 20

★ ★ ■ ★ ◆ = 27

● ● ■ △ ★ = 36

★ ★ ◆ △ ◆ = 30

■	●	◆	△	★

7	12	11	2	3
■	●	◆	▲	★

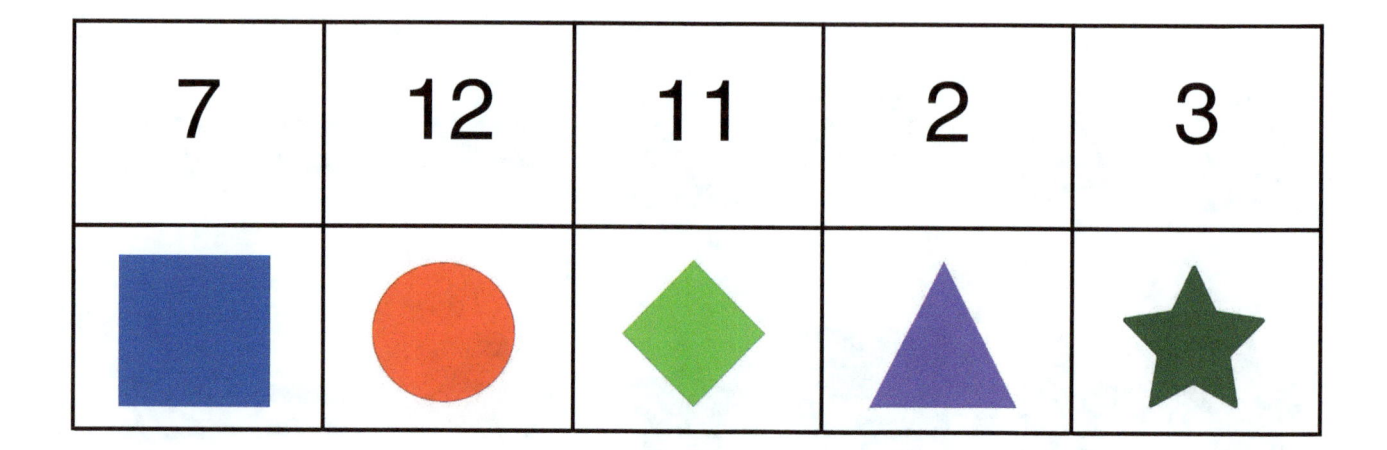

△ △ ● ● ★ = 28

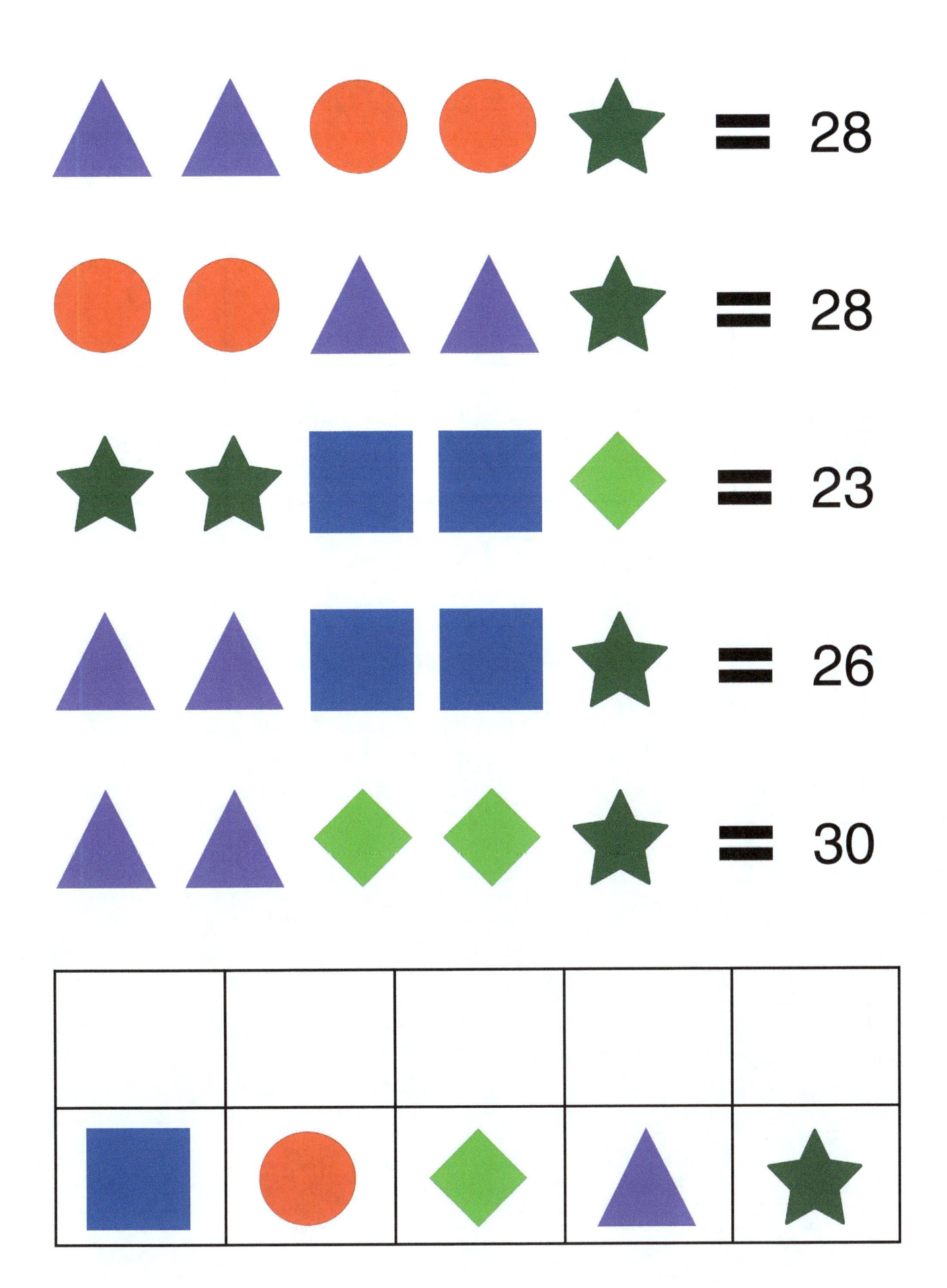

● ● △ △ ★ = 28

★ ★ ■ ■ ◆ = 23

△ △ ■ ■ ★ = 26

△ △ ◆ ◆ ★ = 30

3	4	5	7	6
■	●	◆	▲	★

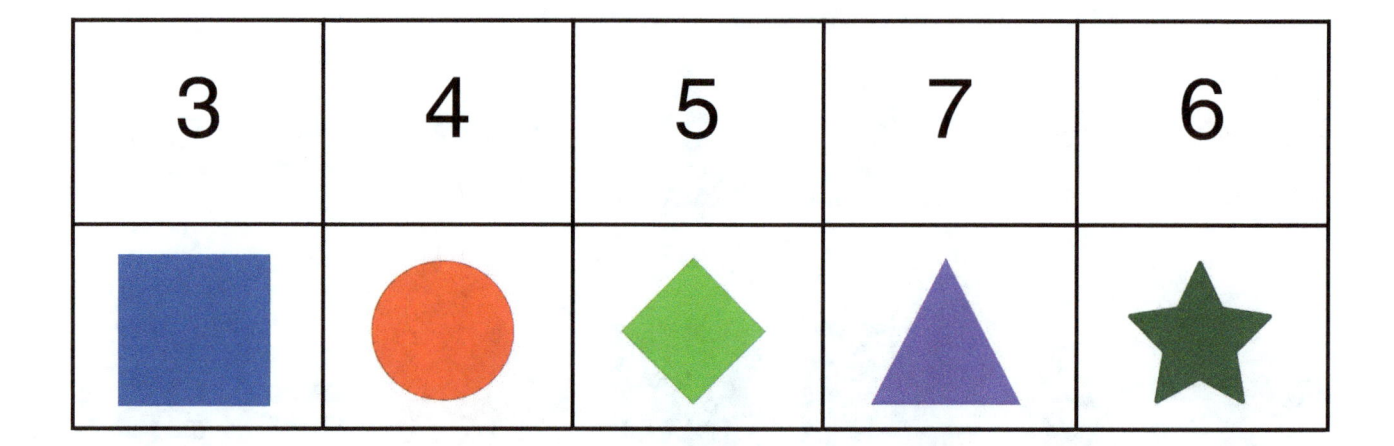

△ △ ◆ ◆ ★ = 40

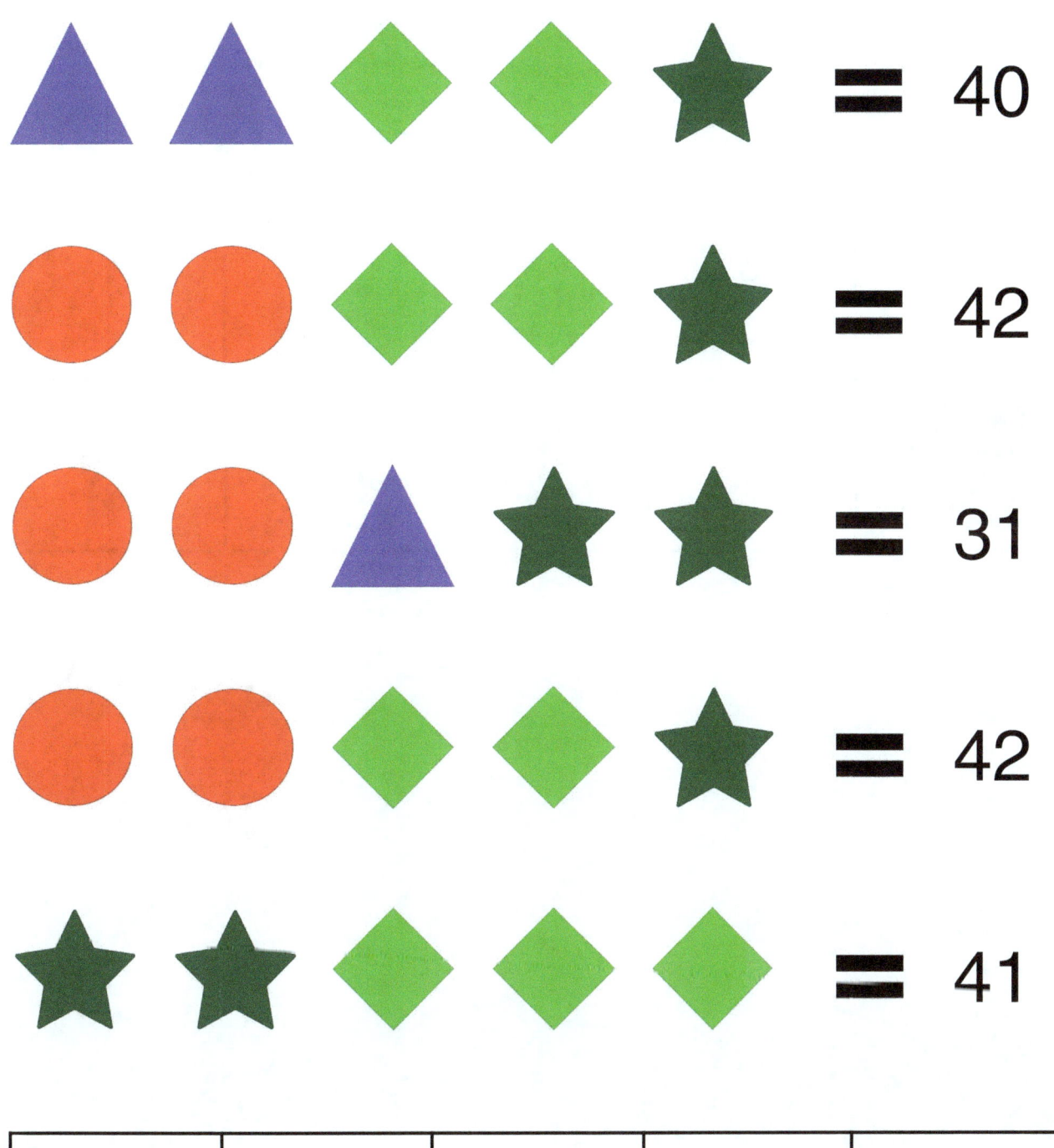

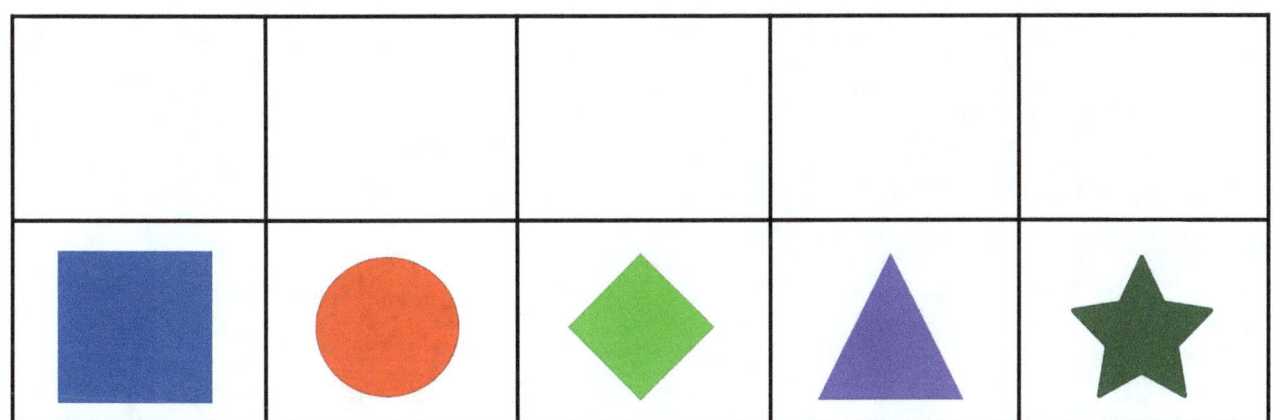

● ● ◆ ◆ ★ = 42

● ● △ ★ ★ = 31

● ● ◆ ◆ ★ = 42

★ ★ ◆ ◆ ◆ = 41

1	8	11	7	4
■	●	◆	▲	★

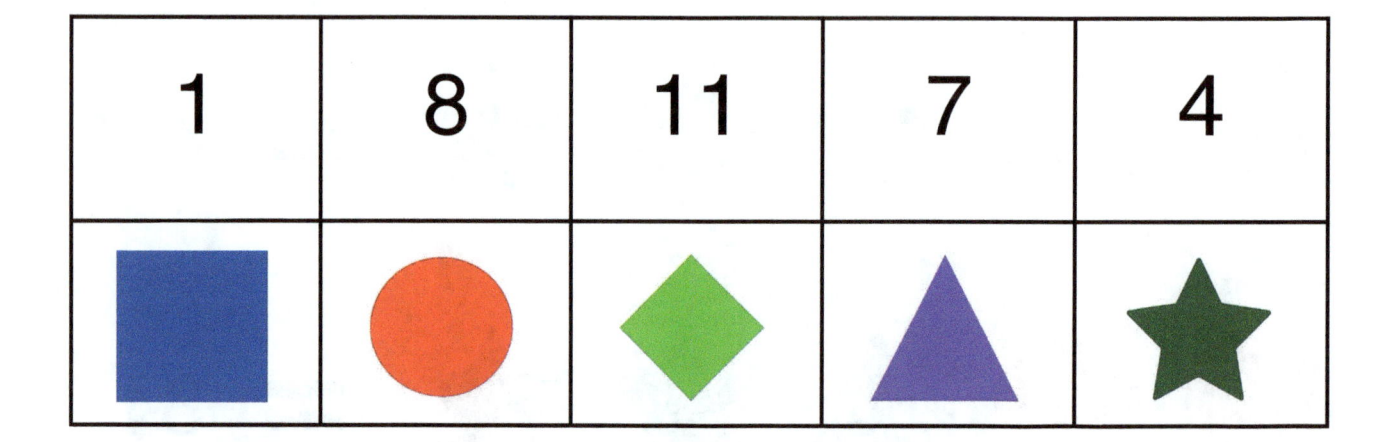

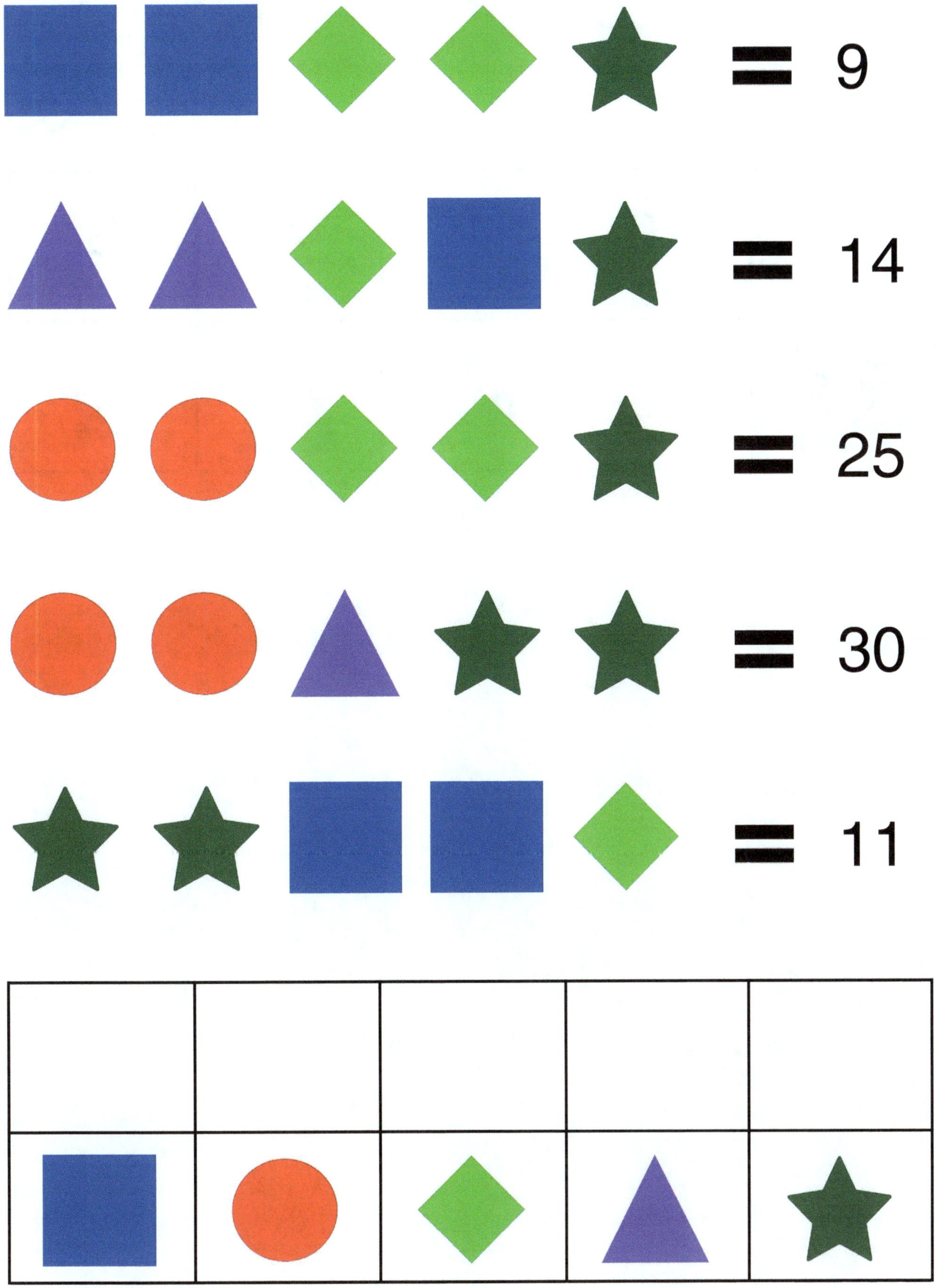

= 9
= 14
= 25
= 30
= 11

2	10	1	4	3
■	●	◆	▲	★

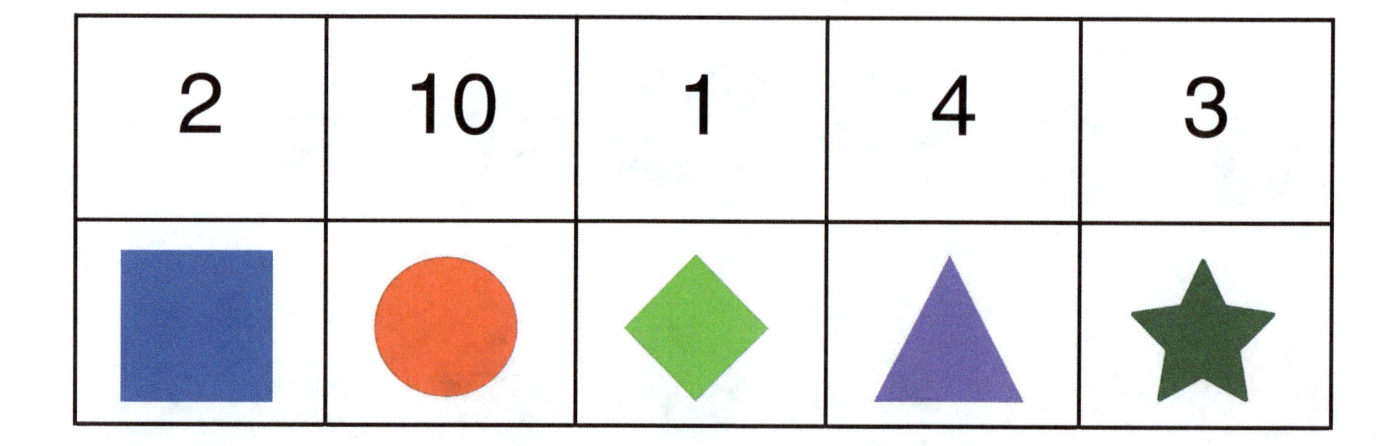

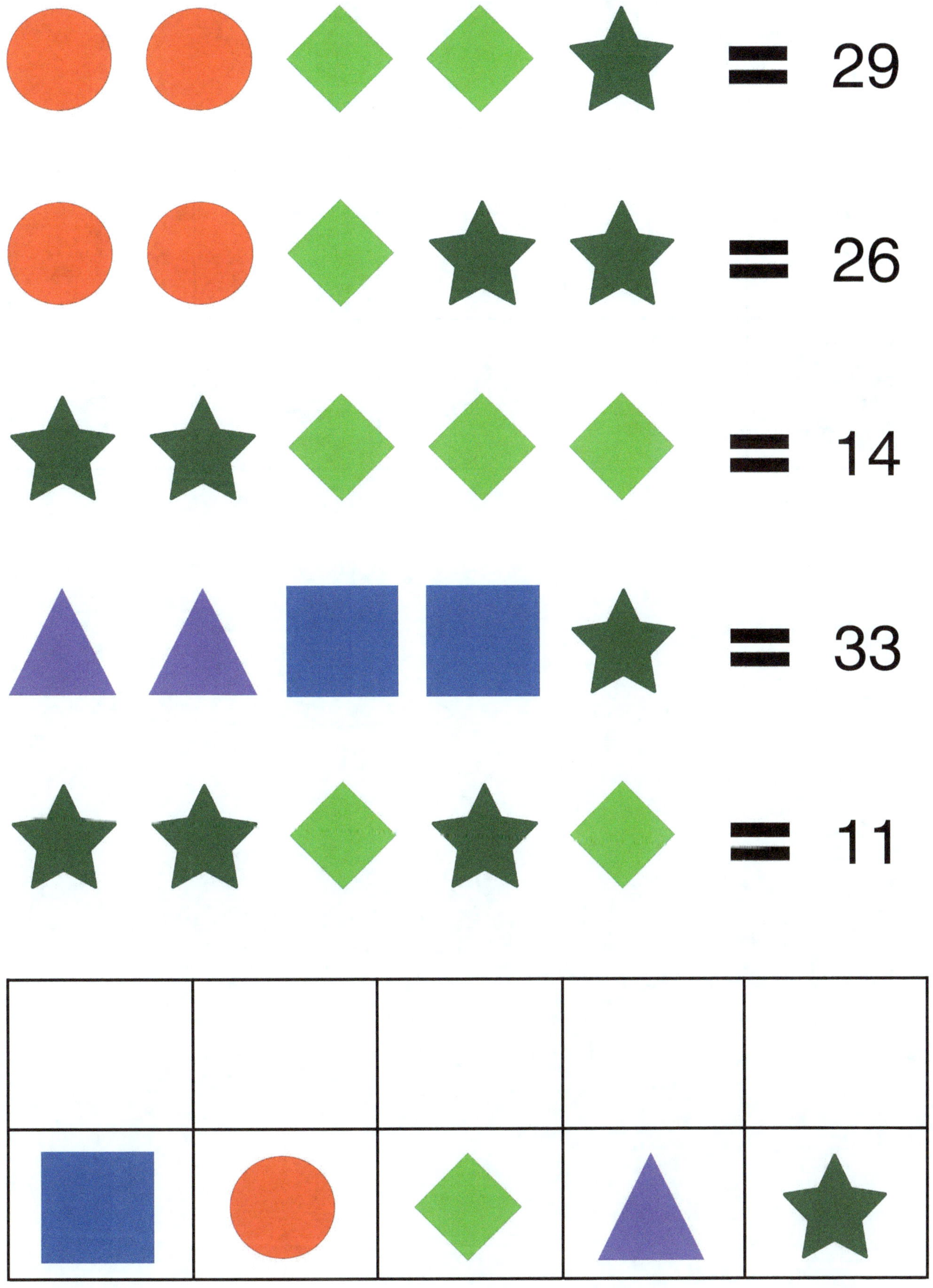
= 29
= 26
= 14
= 33
= 11

9	10	4	7	1
■	●	◆	▲	★

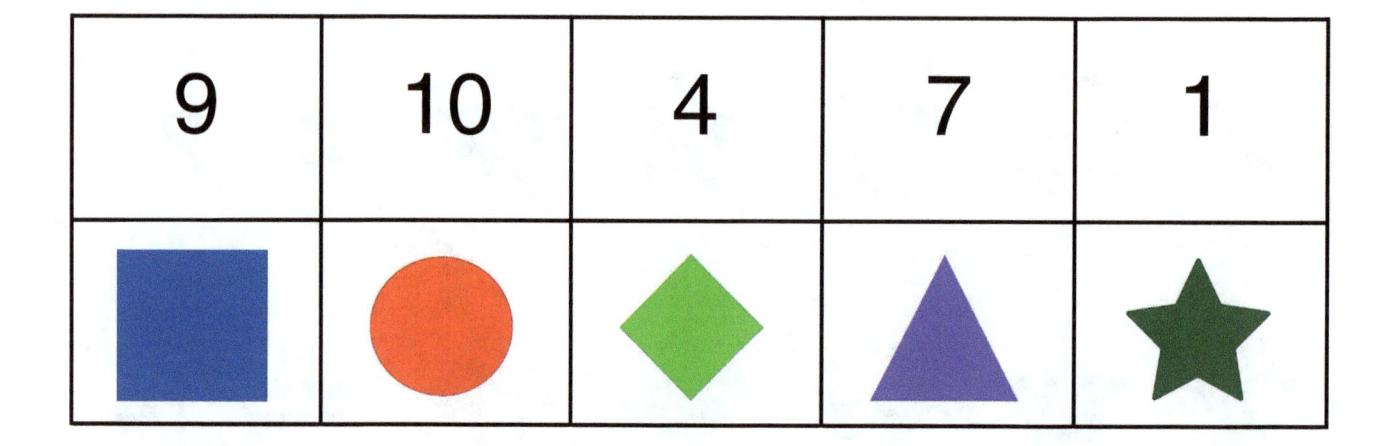

○ ○ ■ ■ ★ = 20

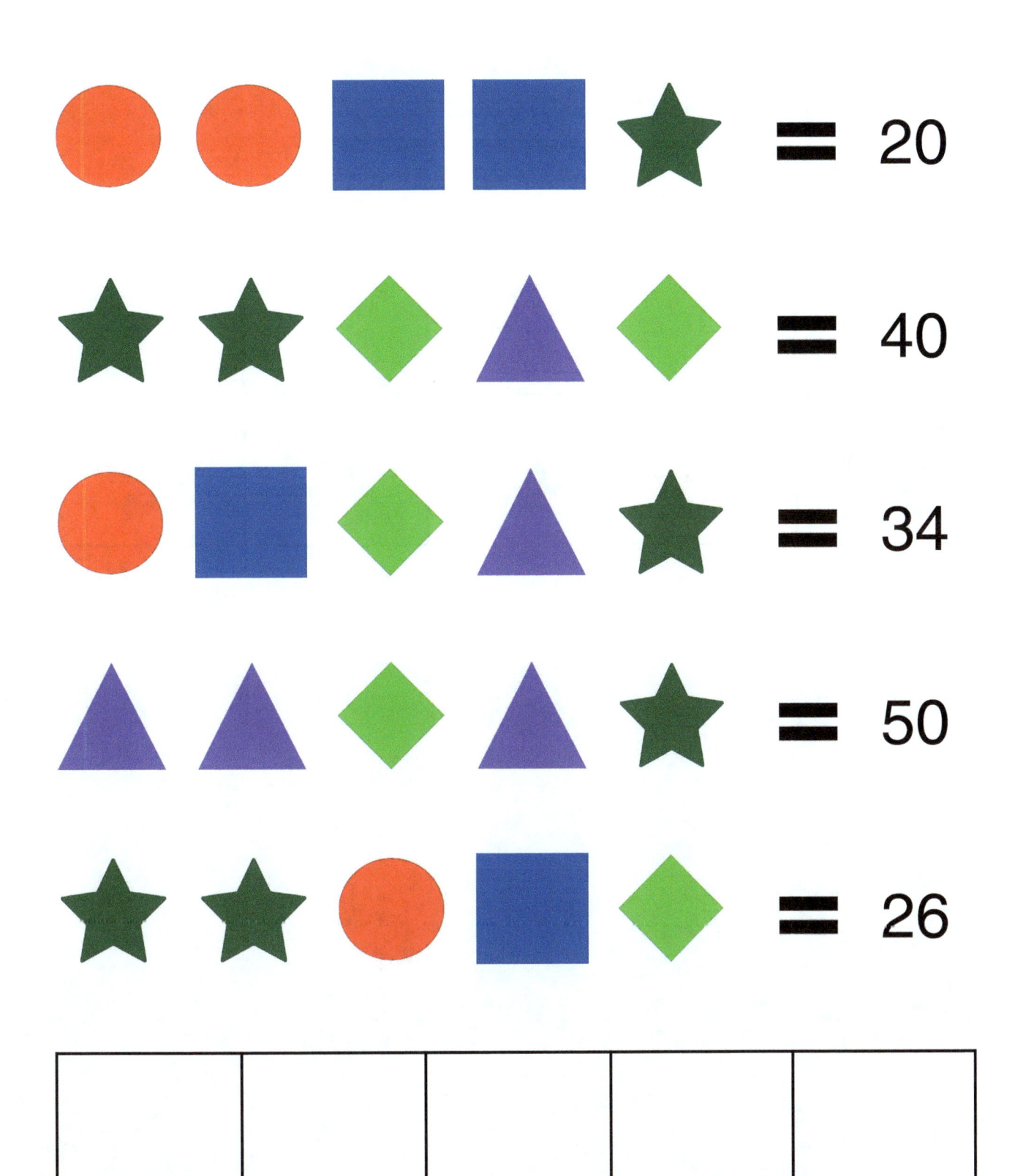

★ ★ ◆ ▲ ◆ = 40

○ ■ ◆ ▲ ★ = 34

▲ ▲ ◆ ▲ ★ = 50

★ ★ ○ ■ ◆ = 26

7	1	10	12	4
■	●	◆	▲	★

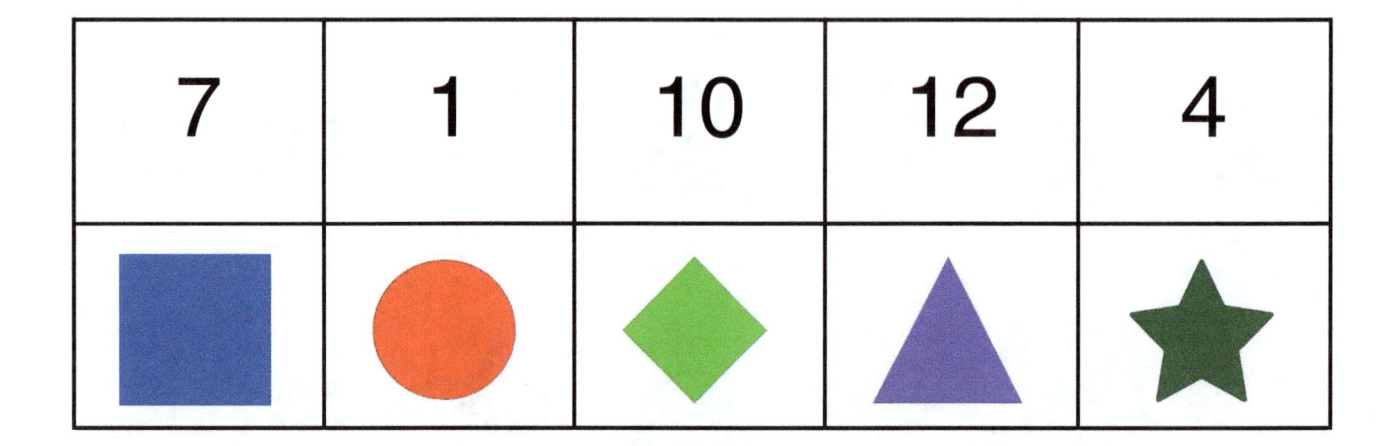

★ ★ ◆ ◆ ◆ = 23

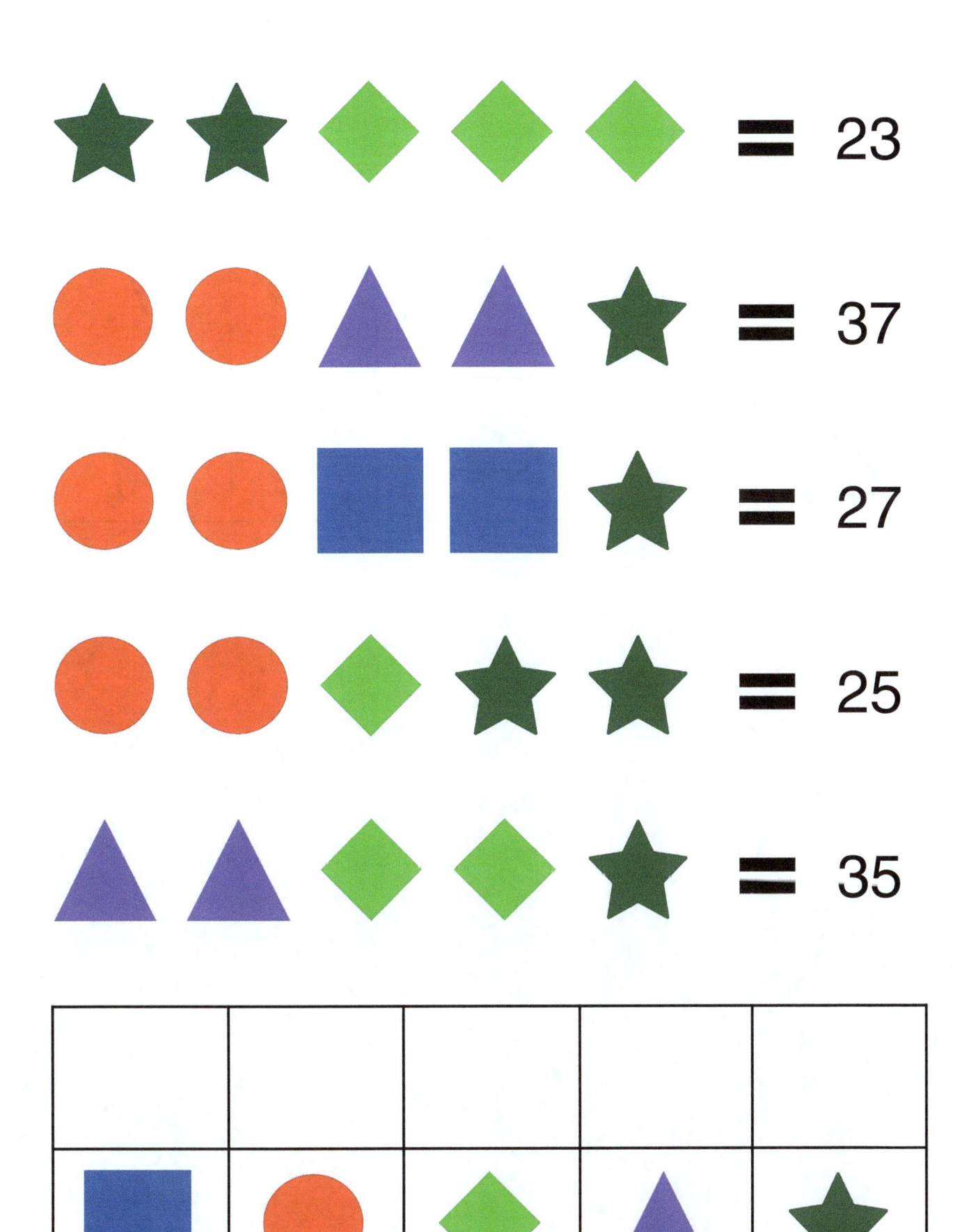

● ● ▲ ▲ ★ = 37

● ● ■ ■ ★ = 27

● ● ◆ ★ ★ = 25

▲ ▲ ◆ ◆ ★ = 35

6	4	3	11	7
■	●	◆	▲	★

Printed in the USA
CPSIA information can be obtained
at www.ICGtesting.com
LVHW080738200624
783539LV00047B/2049

9 798872 236306